AF581380

EL MISTERIO DE REINVENTARSE

VICENTE DE LOS RÍOS MEDINA

EL MISTERIO DE REINVENTARSE

EXLIBRIC
ANTEQUERA 2019

EL MISTERIO DE REINVENTARSE

Diseño de portada: Dpto. de Diseño Gráfico Exlibric

I[a] edición

Editado por: ExLibric
c/ Cueva de Viera, 2, Local 3
Centro Negocios CADI
29200 Antequera (Málaga)
Teléfono: 952 70 60 04
Fax: 952 84 55 03
Correo electrónico: exlibric@exlibric.com
Internet: www.exlibric.com

ISBN: 978-84-19092-25-0

Nota de la editorial: ExLibric pertenece a Innovación y Cualificación S. L.

VICENTE DE LOS RÍOS MEDINA

EL MISTERIO DE REINVENTARSE

A todas las personas que me han ayudado a lo largo de mi vida para poder estar preparado para mi proceso de reinvención, especialmente a mis padres Isabel y Vicente, y sobre todo a mi mujer Leticia por su apoyo constante y confianza

Puedes ver todos los recursos de este libro en
www.elmisteriodereinventarse.com

Índice

Prólogo

Cuando en el mes de enero de 2017, Carmen Bustos, fundadora de Soulsight (consultora española de diseño estratégico), me pidió que participase en el Creative Mornings Madrid de ese mes hablando de "el misterio de reinventarse"[1], nunca hubiese pensado que aceptando la petición estaba a punto de embarcarme en una aventura como esta.

Soy de los que creen que muchas de las cosas importantes que se terminan haciendo en la vida comienzan en pequeñas decisiones. En ese momento, Carmen me pidió que compartiese mi experiencia de reinvención profesional y mis aprendizajes en la nueva etapa profesional que estaba acometiendo tras dejar Telefónica en septiembre de 2015, donde había estado trabajando durante 25 años.

Así lo hice en aquella edición de Creative Mornings Madrid, y después de la charla y de escribir un *post* en LinkedIn, muchas personas me comentaron que les había ayudado bastante que compartiese con ellos mi experiencia. En ese momento, me di cuenta de que podría ser una buena idea compartir esa experiencia de una manera más extensa en un libro. De ese modo, pondría en práctica el último de los principios que enuncié en mi charla: "Compártelo, porque otros lo pueden necesitar".

Y como todos sabéis, hay que predicar con el ejemplo, así que aquí estoy en un AVE camino de Málaga escribiendo el libro titulado *El misterio de reinventarse*, mi primer libro. Todo gracias a un mensaje en LinkedIn de Carmen y su llamada posterior... Por lo tanto, lo primero de todo: ¡GRACIAS CARMEN!

Estamos inmersos en una época en la que todos los profesionales, en mayor o menor medida, se van a tener que enfrentar a cambios importantes en su actividad laboral y deberán afrontar nuevos retos, en muchos casos, desconocidos para ellos. Gran parte de este cambio estará motivado por la digitalización, que producirá transformaciones importantes en los modelos de negocio y en la organización de las empresas, y forzará a muchas personas a abandonar los trabajos que han desempeñado con éxito durante muchos años,

1 www.elmisteriodereinventarse.com/conferencia

y a emprender una nueva carrera profesional. La digitalización, para muchos una gran amenaza, también se puede convertir en un gran aliado a la hora de "reinventar" la propia vida profesional, por la capacidad que nos da a todos de poder trabajar de manera diferente. En el capítulo 2 hablaré con más detalle de las nuevas formas de trabajo que están apareciendo debido a estos cambios.

En este libro quiero desarrollar **los diez principios que**, a mi entender, **un profesional debe seguir para poder reinventarse con éxito**. Como verás son unos principios *a priori* simples, que cualquiera de nosotros puede seguir, teóricamente sin dificultad. Aunque, como todo en la vida, necesitan una cierta disciplina para practicarse en el día a día. Y creo que, por encima de esa disciplina, también exige que toda persona afronte el desarrollo de su vida profesional como una responsabilidad totalmente propia, indelegable. Una responsabilidad que requiere de una constante preocupación e inversión de tiempo, más allá de que cuando suframos un contratiempo profesional, tengamos que poner toda la carne en el asador.

Por este motivo, he decidido dividir los diez principios en dos grupos: los que tienes que trabajar antes de que exista ese contratiempo profesional con el que no contábamos, y los que tienes que poner en práctica a partir del momento en el que ya no te queda otra opción que reinventarte. Vamos a llamarlos **principios previos** y **principios posteriores**. Los principios previos, también podríamos llamarlos principios siempre, porque hay que desarrollarlos en todo momento, pero a efectos de este libro y para destacar que tenemos que hacer un esfuerzo importante antes de tener que reinventarnos, los vamos a clasificar como previos.

Figura 1 – Los 10 principios para reinventarte.

A lo largo del libro, desarrollaré estos 10 principios y cómo, a modo de ejemplo, los he ido aplicando durante mi vida profesional, a la vez que daré algunas claves sobre la disciplina necesaria para llevarlos a cabo.

El objetivo es que tanto las personas que necesiten apoyo en los procesos de reinvención, como los que puedan necesitarlo en un futuro, puedan tener una guía práctica y sencilla de seguir que les permita reflexionar sobre este reto y poder superarlo.

Y si alguien necesita algún consejo más me tiene disponible en mi LinkedIn:

https://www.linkedin.com/in/vicentedelosriosmedina/

O en mi correo electrónico:

vicentedelosrios@lideresydigitales.com

Me gustaría que **este libro pudiese ayudar a todas esas personas, muchos de ellos en su plenitud profesional de los 40 y los 50 años, que están sufriendo mucho para encontrar un nuevo trabajo**. Es injusto que, después de haber dedicado gran parte de su vida a las empresas en las que trabajaban, dejando frecuentemente su desarrollo profesional en un segundo plano, ahora se les dé la espalda en sus búsquedas de trabajo. Además, en muchas ocasiones, esta injusticia viene de personas que están en su misma situación vital, quizás porque han perdido el sentido de la justicia y viven instaladas en la soberbia de lo que ellas entienden como éxito. En realidad, un directivo debería entender que su dignidad no viene dada por el nivel del cargo que ostenta, ni por el sueldo que le pagan, sino por la justicia de sus actos. Creo que actualmente es necesario que los directivos asuman que existe un problema de empleabilidad en los profesionales séniores, que solamente se podrá superar con empatía y sobre todo con apoyo.

Quiero agradecer a Gema Esteban y a Marta y Javier García Cañete por haberme ayudado en la revisión del libro y por el *feedback* que me han dado para mejorarlo. Tener revisores tan magníficos me ha facilitado mucho la edición.

También quiero dar las gracias al equipo de ExLibric por toda su ayuda en este proyecto y en especial a Inma Pavía y a Miguel Ángel Sánchez por todos sus consejos y su apoyo a lo largo de la elaboración del libro.

Por último, quiero comentarte que he decidido editar este libro en el modelo de la edición bajo demanda, y donar, junto con la empresa Exlibric, **todos los beneficios del libro a Cáritas**. Cáritas es una de las organizaciones en España que siempre están para ayudar a las personas y las familias que lo necesitan. Quiero que con lo que se recaude puedan contar con un apoyo para seguir realizando la excelente labor que llevan a cabo.

Y ahora ya, si está claro el objetivo de este libro, vamos a comenzar con *El misterio de reinventarse.*

Capítulo 1

Sobre la reinvención de las personas

"Casi todas las personas son tan felices como deciden serlo".

Abraham Lincoln

El ser humano siempre ha pensado que en la época en la que le ha tocado desarrollar su vida, se enfrenta a los peores desastres que ha vivido la humanidad.

"Estos son malos tiempos. Los hijos han dejado de obedecer a sus padres y todo el mundo escribe libros".

Muchos, o prácticamente todos, afirmaríamos que esta frase está escrita por un pedagogo de nuestros días, que quiere poner el dedo en la llaga de la pérdida de la autoridad paterna y en la proliferación de escritores aficionados (vaya, creo que podría haber elegido otra frase de ejemplo para comenzar mi primer libro...).

Pues bien, esta frase se atribuye nada más y nada menos que a Cicerón, nacido en el año 106 a.C.

El ser humano tiene la sensación de que siempre se enfrenta a los mayores retos a lo largo de su vida. Creo que somos en general bastante *ombliguistas* (término que me he permitido acuñar), para describir la tendencia humana a pensar que "a mí me toca siempre lo más duro".

Ahora bien, es cierto que nuestro mundo no es fácil; muchas personas piensan que vivimos una época de grandes transformaciones y también de grandes frustraciones, una época complicada. Pienso que esta valoración tiene que ver mucho con la definición de satisfacción de cliente que se usa en los negocios:

Satisfacción = Percepción – Expectativas

En estos momentos, lo que más lastra la satisfacción personal no viene posiblemente tanto de la percepción, sino de que las expectativas son excesivamente altas. Y cuando digo aquí expectativas, podemos extrapolarlo también a nivel de vida adquirido, un trabajo cómodo, derechos que consideramos consolidados.

Si esto se aplica a un cambio en la vida profesional, frecuentemente nos encontramos con expectativas de futuro un tanto alejadas de la realidad. Como si por el hecho de haber estado trabajando muchos años en la misma empresa, incluso en el mismo puesto, fuéramos a ser valorados en el mercado, sin caer en la cuenta de que el trabajo de esa vida anterior puede haber quedado obsoleto o ya no es aplicable a otra empresa o sector.

Por otra parte, pienso que somos una generación muy afortunada. Vivimos en la época de la humanidad donde más acceso se tiene a la educación, a la alimentación, a la información... La mayor parte del mundo desarrollado no hemos vivido directamente una guerra, como desgraciadamente ocurrió al menos en España y en gran parte de Europa con nuestros abuelos o bisabuelos. Deberíamos encontrar un nuevo término para el concepto "tener hambre" en el mundo desarrollado, porque desde luego no debería utilizarse la misma expresión que se utiliza para el hambre en el tercer mundo... Os recomiendo que leáis el libro ***Factfulness***[2] de **Hans Rosling** o veáis su video para la BBC[3] (todo un ejemplo de aplicación del multimedia a la educación). En ellos, este médico sueco, recientemente fallecido, explica cómo vivimos en la época de la historia en la que la población mundial tiene acceso a condiciones de vida mucho mejores que las que disfrutaron nuestros antepasados, a pesar de que aún haya millones de personas en el mundo que siguen teniendo acceso limitado a la comida, el agua, la electricidad o la sanidad.

Si cada uno de nosotros recordamos la vida de nuestros propios antepasados, seremos conscientes de que somos realmente afortunados y de que disponemos de un nivel de vida infinitamente mayor. Posiblemente es interesante recordar que en la vida de muchos de nuestros antepasados, destaca

---

2 *Factfulness: Ten Reasons We're Wrong about the World--And Why Things Are Better Than You Think* – Hans Rosling con la colaboración de Ana y Ola Rosling - St Martin's Press 2018.

3 https://youtu.be/jbkSRLYSojo - Hans Rosling - "Hans Rosling's 200 Countries, 200 Years, 4 Minutes - The Joy of Stats - BBC Four" noviembre 2016.

por encima de todo, una ejemplar actitud de lucha por salir adelante y una gran capacidad para la reinvención ante las vicisitudes de la vida.

En general, **el ser humano tiene una gran capacidad de adaptación, y también, aunque en menor medida, de reinvención**. Adaptarnos a lo que viene no siempre significa sacar lo mejor de nosotros ante una amenaza o una oportunidad, sino que significa tirar para adelante y hacer un hueco en nuestra vida a ese cambio en el entorno que nos afecta. El ejemplo de la rana introducida en un recipiente con agua que se va calentando poco a poco, hasta que muere adaptada al nuevo entorno, es un ejemplo muy gráfico sobre la capacidad de adaptación que tienen los seres vivos.

Por eso es bueno preguntarse: ¿por qué no aprovechar ese cambio para mejorar y reinventarse, en lugar de solo adaptarse y acostumbrarse?

Personalmente creo que la razón principal por la que las personas prefieren adaptarse a reinventarse es por **los miedos**: miedo a perder lo que se tiene (aunque esté menguando), miedo a no estar preparado o a no estar a la altura, miedo al qué dirán, miedo, miedo, miedo... Preferimos lo malo conocido a lo bueno por conocer.

Vivimos una vida muy diferente a la de nuestros padres: un entorno laboral donde cada vez será más frecuente cambiar de empresa, donde también será más común cambiar de residencia por motivos laborales, donde a pesar de que muchas empresas utilizan la edad de los empleados como medida "objetiva" a la hora de ejecutar sus expedientes de regulación de empleo, será necesario que prolonguemos nuestra vida laboral más allá de los 70 años para poder optar a esa jubilación que cada día garantizará ingresar menos tras dejar de trabajar. Por otro lado, los cambios de hábitos de alimentación, salud y deporte están incrementando la esperanza de vida de las personas y sobre todo la calidad de esta. En este entorno, es un auténtico despropósito intentar mantenerse realizando la misma actividad más de 50 años, sin aprovechar los nuevos desarrollos y tecnologías que proliferan en nuestro entorno y que nos pueden permitir enriquecer nuestra experiencia vital.

Desgraciadamente, una gran parte de las reinvenciones son reactivas, y en la mayor parte de los casos, el no haber cultivado previamente algunas de las capacidades necesarias para llevar a cabo esa reinvención, supone una de las principales causas de fracaso en los procesos de cambio. Podemos decir que esa es una de las claves del proceso de reinvención: lo que hemos hecho antes para podernos reinventar.

Pero de eso, hablaremos un poco más adelante. Ahora toca hablar de qué futuro laboral nos espera. En el siguiente capítulo vamos a profundizar en el cambio que se está dando en el mundo laboral con el fin de entender un poco más a qué nos vamos a enfrentar en el futuro.

Capítulo 2

El nuevo entorno laboral

"Mi padre siempre me decía: encuentra un trabajo que te guste
y no tendrás que trabajar un solo día de tu vida".

Jim Fox, actor británico

A lo largo de la historia, **la tecnología ha sido clave en el desarrollo del entorno laboral de las personas**. Los grandes cambios en los hábitos de vida y de trabajo han venido siempre provocados por inventos que han modificado de manera sustancial la capacidad del ser humano de alimentarse, de producir bienes o de desplazarse.

El descubrimiento del fuego, el uso de la piedra para producir utensilios y herramientas, el uso del riego, la invención de la rueda y tantos otros revolucionaron en su tiempo la vida agrícola del ser humano, permitiendo su evolución y garantizando y mejorando la supervivencia.

Con l**a creación de la imprenta por Gutenberg**, se transformaron radicalmente los procesos de aprendizaje y de comunicación, aumentando de manera exponencial el número de personas que podían acceder a la formación.

La primera revolución industrial en la segunda mitad del siglo XVIII, que cambió la economía, la sociedad y la tecnología, supuso la mayor transformación en la vida de las personas desde el Neolítico. Con ello, la sociedad pasó de estar centrada en la agricultura y en el comercio, a transformarse en una sociedad urbana, industrializada y mecanizada.

La revolución industrial también produjo un cambio de modelo en el entorno laboral: del trabajo manual y del uso de la tracción animal, se pasó a un modelo en el que se empezaron a utilizar las máquinas para la producción industrial y para el desplazamiento de personas y mercancías. La invención de la máquina de vapor por James Watt fue el gran hito que generó esta revolución, ya que permitió un enorme incremento de la capacidad de producción en las industrias en las que se introdujo. El desarrollo del barco de vapor y de los ferrocarriles, junto a la creación del motor de combustión interna y la energía eléctrica, fueron el segundo impulso tecnológico en esta primera revolución industrial.

En paralelo con los cambios en la tecnología, **el ser humano tuvo que modificar sus hábitos de organización del trabajo y de la vida personal**, lo que desplazó a muchas personas de un ámbito rural y agrario a uno urbano e industrial. Nacieron colectivos como el proletariado, formado por los trabajadores industriales y los campesinos, y por otro lado la burguesía, dueña de los medios de producción y poseedora de gran parte de la renta y el capital. Esta división de la sociedad por motivos laborales y económicos generó grandes cambios sociales, muchos de los cuales perduran en nuestros días. Sería bueno que tomemos como referencia algunas de las soluciones que se aplicaron en esa época para afrontar algunos de los retos a los que nos vamos a enfrentar en los próximos años por los cambios tecnológicos actuales.

Si importantes fueron los cambios que introdujo la primera revolución industrial en la sociedad y en la economía, no fueron menores los que generó la **segunda**. Iniciada en la segunda mitad del siglo XIX, se prolonga hasta el comienzo de la Primera Guerra Mundial, e introduce muchas mejoras tecnológicas respecto a la primera revolución industrial: **la utilización de nuevos materiales** (el acero, el zinc, el aluminio, el níquel entre otros...), **el desarrollo de productos químicos** (la sosa, los colorantes, los explosivos...), **el uso de nuevas fuentes de energía** (el gas, el petróleo, la electricidad...), supusieron importantes cambios que permitieron la mecanización de los procesos y la mejora de la producción a través de una auténtica revolución en el mundo industrial: **la producción en serie**.

Fue a lo largo de la segunda revolución industrial cuando se inventaron algunos de los productos que siguen siendo esenciales en nuestra forma de vida actual: **la bombilla, el teléfono, el avión o el automóvil** son claramente inventos que transformaron tanto los hábitos personales de los seres humanos como su entorno laboral.

Tampoco debemos olvidar que los avances de la primera y segunda revolución industrial favorecieron **la mejora importante de la higiene y de la salud**, lo que provocó un importante aumento demográfico y un incremento de la esperanza de vida.

Tras la Segunda Guerra Mundial, alrededor de los años 60, comienza la llamada **tercera revolución industrial** liderada por la aparición, primero, de los **ordenadores y posteriormente por internet.** Estos dos hechos, junto con la masificación de muchos de los productos que nacen en la segunda revolución industrial, van a transformar de manera total el entorno laboral, y generan grandes cambios en industrias y perfiles profesionales. Alguno recordará las fichas perforadas de los primeros ordenadores, las primeras conexiones a internet a 1200 *bits* por segundo a finales de los 80 (actualmente las conexiones de 600 *Mbps* que ofrecen los operadores multiplican esas velocidades iniciales en 500.000 veces...), su primera cuenta de correo electrónico y el disco duro de su primer PC (el mío era de 40 *MB*). Esos cambios de la tercera revolución industrial transformaron totalmente el perfil del trabajador y su puesto de trabajo, de tal manera que el ordenador pasó de ser una herramienta solamente accesible en el mundo científico y universitario a compañero diario del trabajador en las oficinas. La posterior introducción de internet y sus servicios asociados como el correo electrónico supusieron una revolución en las formas de trabajar, desterrando gran parte del papel del entorno profesional.

Una extensión de esta tercera revolución industrial sería la aparición de la telefonía móvil y del *smartphone* como herramienta para la expansión definitiva de acceso y uso de internet a la mayor parte de la sociedad, lo que ha modificado no solamente el entorno de trabajo, sino también el comportamiento de los clientes y de los mercados.

En la **cuarta revolución industrial**, en la que nos encontramos inmersos, muchas tecnologías cambiarán de manera relevante nuestros puestos de trabajo y crearán nuevos perfiles profesionales. Tecnologías como la inteligencia artificial, el internet de las cosas, el Cloud, la impresión 3D, la realidad virtual y aumentada, el vehículo autónomo, la biología sintética, van a transformar muchos procesos. A esto tenemos que añadir los cambios en los modelos de negocio, como por ejemplo la aparición de modelos de plataforma, que transformarán no solo lo que hacemos, sino también el modo como lo hacemos.

En este entorno, hay dos tendencias en el mercado laboral que suponen una revolución en el mundo del trabajo: la **economía *gig*** y la **economía de las máquinas**. La consultora EY, entre otras, ha estudiado el impacto que tendrán estas dos tendencias. Os recomiendo leer su informe al respecto titulado: *When machines become workers, what is the human role?* [4]

La **economía *gig*** comprende las nuevas formas de trabajar que surgen en gran medida por la aparición de la economía colaborativa y los nuevos modelos de negocio digitales. Es una revolución total en el modelo de relación empresa-empleado por el que se transformarán un porcentaje importante de los puestos de trabajo debido al cambio de esta relación. La proliferación de autónomos trabajando como asesores, expertos o trabajadores ocasionales será cada vez más frecuente. Trabajadores que se tendrán que adaptar a una necesidad concreta y puntual de la empresa, tanto por el conocimiento o experiencia necesaria para dicha actividad, o porque las demandas de los clientes sean muy cambiantes.

Ejemplos de esta tendencia son los cada vez más frecuentes *freelancers* que asesoran a empresas en proyectos y temáticas muy especializadas. De hecho, están surgiendo múltiples plataformas, en las que profesionales especializados ofrecen sus servicios como respuesta a las demandas puntuales que requieren las empresas y que pueden ir desde consultas telefónicas que se facturan por minutos a servicios de *interim management*, esto es, un profesional cualificado que asesora temporalmente durante un periodo determinado a una empresa, ocupando una posición dentro de su estructura. Ejemplos como **GLG** (Gerson Lehrman Group), que conecta a empresas con cientos de miles de expertos a nivel mundial en diferentes materias o más especializadas como **Outvise.com** (plataforma española con más de 17.000 expertos internacionales en telecomunicaciones, media y digital). Muchas de estas ofertas de empleo autónomo exigen un alto nivel de conocimiento y, consecuentemente, están muy bien retribuidas. Pronostico que pronto, vamos a ver en comités de dirección de empresas muy importantes, figuras similares a estas: profesionales contratados por un periodo limitado de tiempo, que no pertenecen a una consultora, sino que son totalmente independientes y que participarán de los comités como un miembro más del equipo directivo.

Otra de las figuras laborales de la economía *gig* son los conductores de las famosas plataformas de VTC[5] como Uber o Cabify o los *riders* (repartidores)

---

4 https://www.ey.com/gl/en/issues/business-environment/ey-megatrends-future-of-work
5 Vehículo de turismo con conductor.

de empresas de mensajería o servicios de entrega a domicilio como Glovo o Deliveroo. Las nuevas plataformas digitales están creando muchos puestos de trabajo en estos sectores, con reglas laborales totalmente distintas a las tradicionales. Estamos sumidos en un gran debate sobre si estos profesionales son realmente autónomos o en realidad, falsos autónomos. Por una parte, se argumenta que muchos de estos trabajadores participan en estos negocios de manera complementaria a su actividad laboral o universitaria, y que estas plataformas son capaces de crear una nueva actividad al conectar oferta y demanda de uno de los eslabones de la cadena de valor de diferentes servicios (desde transporte de personas a comida a domicilio). Otros argumentan, que con la consolidación de estas plataformas o por la aparición de empresas que actúan directamente con las plataformas, estos trabajos son realmente ejercidos por falsos autónomos y que se pierden muchos de los derechos tradicionales de los trabajadores, ya que las plataformas a medida que crecen y se consolidan como líderes indiscutibles de un mercado adquieren un poder de negociación total sobre el trabajador.

Para mí, el caso más extremo de la economía *gig* es el de la plataforma Mechanical Turk[6] de Amazon donde una persona es remunerada por horas para realizar tareas *online* "manuales", como pueden ser la revisión de comentarios, de fotos, la búsqueda o validación de textos... esto es, tareas que requieren todavía de una intervención por parte de un ser humano. Como dice Amazon en su web, *Mechanical Turk* es **"inteligencia humana a través de una API. Accede a mano de obra global a demanda las 24 horas del día"**. En este caso, la plataforma permite adaptar totalmente la mano de obra necesaria para una actividad de una manera casi milimétrica poniendo a disposición de las empresas mano de obra instantánea para realizar actividades a las que pueden acceder trabajadores de todas las edades y en cualquier lugar del planeta. Es interesante que le echéis un vistazo a los videos que hay en Youtube sobre esta iniciativa de Amazon, con más de 10 años de vida, que permite ver hasta dónde se puede llegar a exprimir los modelos de negocio y la tecnología con el fin de abaratar y variabilizar los costes de mano de obra.

Entre las estimaciones de la consultora EY sobre la economía *gig*, una de las que más destaca es que el 40 % de los trabajadores en EE.UU. serán con-

6 https://www.mturk.com

tratados como autónomos en 2020. Imaginad lo que supone este cambio tan importante en todos los aspectos del entorno laboral de una persona: cómo es elegido, cómo se debe formar, qué se le va a exigir, cómo debe asegurar su trabajo, o cómo debe fijar los precios a los que va a ofrecer sus servicios... Muchas de estas tareas nunca han sido consideradas por el trabajador por cuenta ajena.

Si la economía *gig* va a ser un reto desde el punto de vista del cambio en la forma de trabajar, de qué se nos va a exigir y cómo vender nuestros servicios, la llamada **economía de las máquinas** va a suponer un reto todavía mayor: ¿y si la actividad que llevo haciendo durante más de 15 años la va a poder hacer mejor un robot o un algoritmo? Esto sí que es un reto.

El desarrollo de la inteligencia artificial y la robotización van a permitir cada vez más automatizar tareas que antes eran realizadas por humanos. Según la consultora Gartner, ya en 2018, el 20 % del contenido producido por las empresas lo están generando máquinas. Entre estos contenidos, estarían información bastante cualificada como notas de prensa, informes de publicación de resultados, informes de gestión... Muchas empresas tendrán que adoptar este tipo de tecnologías porque sus competidores lo harán y de no hacerlo, quedarían fuera del mercado. Ante esta tesitura, es posible que muchas de las actividades que realizan actualmente profesionales, pasen a ser realizadas por máquinas. En esta cuarta revolución industrial, los profesionales afectados por la adopción de nuevas tecnologías van a ser tanto de baja como de alta cualificación, algo muy diferente a lo que sucedió en las revoluciones anteriores, donde principalmente el impacto de las nuevas tecnologías recayó sobre las actividades que requerían de menos cualificación. La misma EY indica en su informe, en base a con un estudio del World Economic Forum, que en 2020 habrán desaparecido más de 5 millones de puestos de trabajo debido a la economía de las máquinas.

Si quieres profundizar en el tema de cómo se prevé que sea el futuro del trabajo, te recomiendo que leas uno de los mejores informes que se han publicado recientemente realizado por el McKinsey Global Institute. Su título es *Jobs lost, jobs gained: workforce transitions in a time of automation*[7]. Para no

7 *Jobs lost, jobs gained: workforce transitions in a time of automation* - McKinsey Global Institute - diciembre 2017.

profundizar mucho más en el tema, que no es el objeto final de este libro, te quiero dejar un par de referencias del informe que creo que son muy interesantes para entender la dimensión del reto, y sobre todo para ver que este reto es en el fondo, una dinámica presente en la historia de la humanidad.

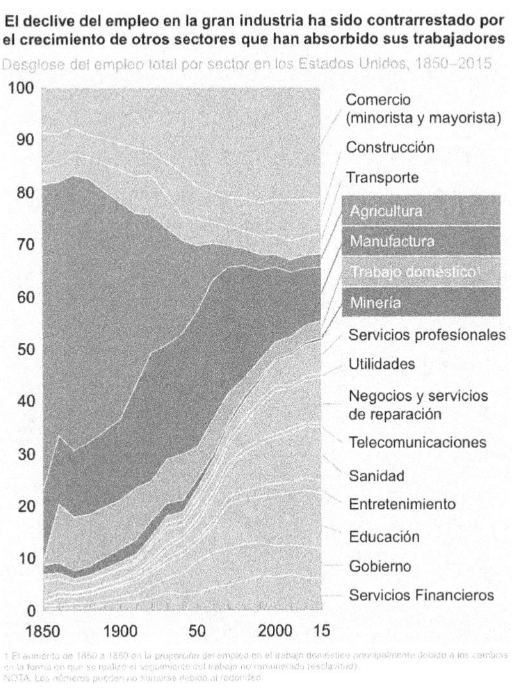

Figura 2 - Evolución del desglose de trabajos por sectores en Estados Unidos entre 1850 y 2015 - McKinsey Global Institute - diciembre 2017.

Como puedes ver en el gráfico, donde se muestra la **evolución del desglose de trabajos por sectores en Estados Unidos entre 1850 y 2015**, si en 1850 la mayor parte de la sociedad se dedicaba a la agricultura, los cambios en la sociedad, tecnologías y negocios han ido produciendo un movimiento continuo de trabajadores hacia otros sectores, con la consiguiente destrucción de empleos, pero también creación de nuevos puestos de trabajo. Interesante el caso de la manufactura, que prácticamente ha mantenido el porcentaje de puestos de trabajo como sector, aunque cambiando radicalmente el tipo de actividades de este y la cualificación de los perfiles requeridos.

El segundo aspecto interesante que resaltar del informe de MGI es lo que presenta la figura 3 que muestra el resumen del impacto que tendrá la adopción de nuevas tecnologías en el mundo laboral.

Como se observa en el resumen de MGI, casi el 50 % de las actividades laborales actuales serán técnicamente automatizables utilizando tecnologías ya disponibles, mientras que 6 de cada 10 ocupaciones de nuestros días tienen más de un 30 % de actividades automatizables.

Por lo tanto, está claro que la tecnología ya está cambiando las actividades que muchos trabajadores realizan. Pero, ¿cómo cambiará esto en los próximos años? Pues de acuerdo con las diferentes estimaciones que recoge MGI, en el escenario más extremo, unos 800 millones de trabajadores, que supondrán el 30 % de la fuerza laboral en 2030, habrán sido desplazados por los cambios en la tecnología, y un 14 % del total tendría que cambiar su categoría laboral.

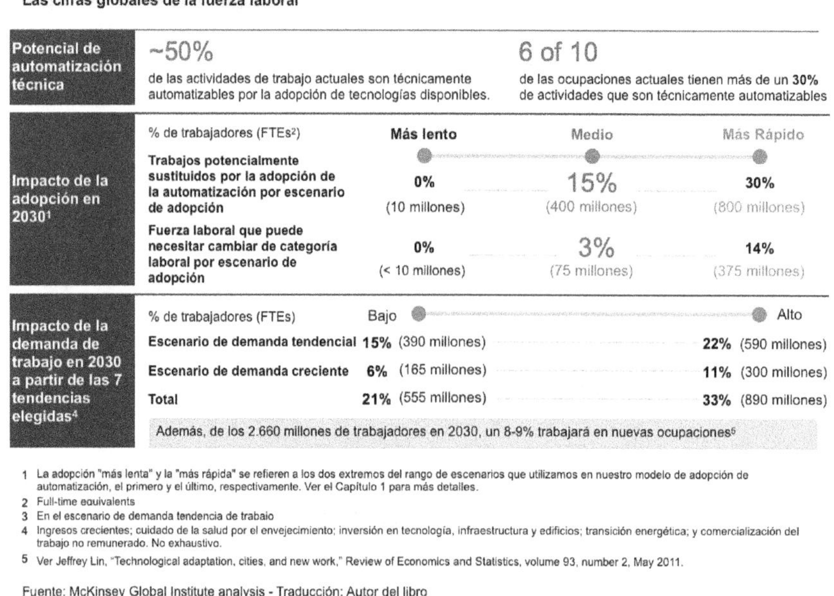

Figura 3 - Cifras globales de fuerza de trabajo - McKinsey Global Institute - diciembre 2017.

Un buen resumen de a qué nos enfrentamos lo enunció en 1960, la Comisión Nacional sobre Tecnología, Automatización y Progreso Económico impulsada por el presidente de Estados Unidos, Lyndon Johnson, que concluyó con lo siguiente: "**se demuestra que la tecnología destruye puestos de trabajo, pero no trabajo**"[8].

Así que seguiremos teniendo trabajo, pero habrá que adaptarse al trabajo que venga y a las formas de hacer que introduzcan las nuevas tecnologías. Esta es una de las razones por las que el ser humano tiene que prepararse para que, en algún momento de su vida laboral, pueda emprender el camino de la reinvención, tal como lo han hecho sucesivamente nuestros antepasados.

En los siguientes capítulos voy a explicar qué hay que hacer para que el día que a cada uno le toque tener que reinventarse, haya hecho el trabajo previo para poder tener más oportunidades en el nuevo entorno al que se va a enfrentar.

8 Technology and the American economy: Report of the National Commission on Technology, Automation, and Economic Progress, US Department of Health, Education, and Welfare, February 1966.

Capítulo 3

Como todo marcha bien, ¿de qué preocuparme?

"La preocupación es un juicio que espera las pruebas".
Conde de Rivarol

Como comentaba en el capítulo anterior, una gran parte de las reinvenciones son reactivas, y en muchas ocasiones, el no haber desarrollado previamente algunas de las capacidades necesarias para llevar a cabo esa reinvención, supone una de las principales causas de fracaso en los procesos de cambio. El estar alerta y entrenado para poder reinventarse es fundamental para tener éxito posteriormente.

Me encanta esa frase que dice **"más que preocuparte, ocúpate"**. Seguro que alguien te la ha dicho. Yo intento transmitirla a mis clientes, alumnos y amigos. En el fondo, este es uno de los objetivos que persigo con este libro: **si te ocupas antes de tener un problema laboral, tendrás menos preocupaciones si aparece.**

Pero, ¿cómo conseguimos ponernos en forma antes, si en principio todo marcha bien y no hay amenazas en el horizonte?

Por mi propia experiencia profesional, creo que siempre tenemos que trabajar nuestro desarrollo profesional con el fin de tener el máximo número de capacidades y conocimientos que nos permitan poder salir adelante ante cualquier eventualidad profesional que pudiera surgir. Y cuando me refiero a eventualidad, no lo digo solamente en sentido negativo, sino también para los momentos en los que se cruza por delante de nosotros una oportunidad interesante que puede que no nos encuentre preparados para poder asumirla.

Estar listo para lo bueno y lo malo es muy importante. En el mejor curso de liderazgo que he recibido, allá por 2003, Paco Muro, presidente de la consultora Otto Walter nos decía: **"la preparación es la clave del éxito"**. Uno de los grandes consejos que me han dado en mi vida profesional. Y para prepararse también hace falta utilizar algún método que nos guíe en esa preparación.

Para ello, os voy a proponer diez principios y una serie de consejos sobre cómo ponerlos en práctica. Muchas veces la propia reflexión sobre cada uno de ellos os dará las claves para ponerlos en marcha. En otros casos, os adjunto herramientas que he preparado u otras que he ido recopilando de otros autores a lo largo de mi vida profesional.

Si recordamos lo que decía en el prólogo del libro, he dividido los principios para poder llevar a cabo una reinvención en los que serían previos a la necesidad de reinvención y los que serían posteriores, cuando ya no te queda más remedio que reinventarte. En la figura 4 puedes ver cuáles son para mí **los cinco principios previos** que siempre hay que practicar para tener el mejor futuro profesional.

Figura 4 - Principios previos que tienes que trabajar para tener más posibilidades de reinvención.

¿Por qué he elegido estos y no otros? Pues por múltiples razones. He elegido estos principios a partir de mi experiencia, basándome en las carencias que he visto que tenemos los seres humanos en lo que se refiere al desarrollo profesional. Muchas veces cedemos toda la **responsabilidad del desarrollo**

profesional a nuestra empresa, aunque el principal responsable debemos ser cada uno de nosotros. Y ese ser responsable incluye conocerse bien y saber qué fortalezas y debilidades tenemos, así como las oportunidades y amenazas a las que nos podemos enfrentar.

También es frecuente que dejemos siempre para otro momento **informarnos y formarnos** en los temas que nos pueden ayudar a tener una proyección o a abrirnos las puertas de un futuro mejor. La formación siempre requiere de tiempo y muchas veces de dinero, lo que en numerosas ocasiones hace que no sea una prioridad en nuestra agenda. **Las relaciones humanas** son también un activo esencial al que en general se le dedica poco tiempo en el ámbito profesional, cuando puede ser una fuente de oportunidades de futuro. El **ego** es sin ninguna duda un auténtico freno en nuestro desarrollo profesional. ¿Cuántas personas conoces que no han sabido asumir adecuadamente una nueva responsabilidad y han pasado a ser arrogantes y cortoplacistas al buscar solamente el fin, sin reparar en los medios? Por otra parte, muchas carreras profesionales han acabado mal por la sencilla razón de que la **persona se ha dejado convertir en un personaje...** Y por último, dentro de las acciones previas, considero esencial tener en cuenta **cultivar el espíritu de servicio**, algo muy necesario siempre en la sociedad y que hay que entender como un deber imprescindible en el ejercicio profesional.

A lo largo de los próximos capítulos vamos a desarrollar estos cinco principios. Estos, como decía, son algo que siempre vamos a tener que cultivar, especialmente cuando surja dicha eventualidad y haya que emplearse a fondo para encontrar una nueva oportunidad. Pero **la clave es haberse ejercitado antes,** cuando no había ninguna presión por encontrar una solución laboral.

Capítulo 4

Primer principio: No cedas el control total de tu desarrollo profesional a tu empresa

"El ser humano no puede rehacerse a sí mismo sin sufrimiento, porque es a la vez el mármol y el escultor".

Alexis Carrel

Soy de los que creen, a pesar del título del libro, que las personas más que reinventarse de golpe, evolucionan a lo largo de su vida. Y ese grado de evolución está muy ligado tanto al contexto presente en el que viven (necesidad, urgencia, libertad, actitud...) como a su preparación para asimilar cambios en la propia vida de acuerdo con la experiencia, conocimientos y hábitos que han tenido hasta ese momento. Estoy hablando del concepto de ***lifelong learning*** (o educación permanente en su traducción al español) del que tanto se habla en las últimas décadas.

Pero por encima de todo, hay un factor clave en los procesos de reinvención que empieza mucho antes de encontrarse en la tesitura de tener que afrontar un cambio profesional por cualquier circunstancia. Este factor es que **cada uno tenemos que ser totalmente responsables de nuestro futuro profesional**. Con esto no estoy diciendo que la empresa u organismo para el que trabajemos se tenga que desentender de nuestro futuro o no asumir responsabilidades sobre nuestro desarrollo profesional. Si tenemos un jefe o departamento de recursos humanos que se toma en serio nuestro desarrollo, mucho mejor, pero siempre sabiendo que el responsable final eres tú.

Muchos profesionales confían y ceden totalmente su futuro profesional a su empresa, dependiendo totalmente de su política de desarrollo, recursos humanos, formación y evolución. Esta postura puede provocar que el futuro de un profesional dependa totalmente de los planes de su empresa y de las personas que la dirigen en cada momento (recordemos que en las empresas las personas que las dirigen cambian a lo largo del tiempo que se trabaja en ellas). En general, las empresas no quieren tener ese control total del desarrollo de un profesional, porque en muchos casos, esa situación puede ser contraproducente incluso para la propia empresa.

¿Por qué muchas personas ceden el control de su desarrollo profesional a su empresa? A mi entender, el problema ya comienza en la etapa formativa. Gran parte de los jóvenes que acceden a su primer trabajo han pasado de una etapa donde los decisores del desarrollo educativo-profesional eran, en muchos casos, los padres, a una etapa donde toca tener que liderar la búsqueda del primer empleo.

Padres que asesoran sobre qué estudios universitarios realizar, que apoyan en las decisiones de estudio de idiomas, fomentan o limitan las oportunidades de una carrera internacional, al fin y al cabo, ponen su experiencia a disposición de sus hijos con mayor o menor conveniencia para su desarrollo profesional. **¡Ay de los padres que intentan que sus hijos revivan su vida universitaria, profesional o sus ilusiones frustradas!** Si ya es difícil gestionar tu propio desarrollo profesional, imagina gestionar el desarrollo profesional de chicos de 17 o 18 años con la visión bastante subjetiva que se tiene como padres, tanto positiva como a veces negativa sobre la valía de su hijo. Lo digo desde la experiencia de ser padre de tres hijos ya mayores de edad. Gran parte de lo que marca nuestro desarrollo profesional viene de casa para lo bueno y, a veces, también para lo malo.

Tras el paso por la universidad, donde sinceramente creo que se debería trabajar mucho más en crear en el estudiante una responsabilidad sobre su desarrollo formando a un profesional más completo a nivel técnico y de capacidades más que un aprobador de un conjunto de asignaturas, el joven recién convertido en profesional tiene que asumir el reto de su inserción en el mercado laboral. En este reto se enfrenta muchas veces a una realidad desgraciadamente poco ajustada a los méritos y a los esfuerzos realizados en sus estudios, y también en muchos casos, con una retribución salarial deficiente. **Me gustaría que, si tienes actualmente responsabilidad sobre la retribución salarial de los jóvenes, reflexiones sobre la justicia de las ofertas actuales** y valores cómo hubiese sido tu vida profesional y personal con muchas de las condiciones que se ofrecen actualmente.

Lógicamente **los jóvenes hacen un gran esfuerzo a la hora de encontrar su primer puesto de trabajo**. La ilusión de acabar los estudios, preparar su primer currículum, realizar las primeras entrevistas de trabajo, las primeras negativas, los puestos que pensabas que estaban hechos para ti pero para los que ha aparecido alguien mejor… son el primer contacto del trabajador en potencia con su desarrollo profesional.

¡Y por fin llega el primer empleo! La ilusión de formar parte de un proyecto empresarial, los primeros compañeros, el primer sueldo, las primeras sorpresas sobre el ajuste entre lo estudiado en la carrera y lo que demanda el día a día del trabajo…

Entramos en la dinámica de la nueva empresa y toca demostrar que no se han equivocado con nosotros. Es la etapa donde la empresa debe invertir en formación para que pueda empezar a obtener resultados de esa apuesta por el joven elegido. También es la etapa en la que lógicamente toca pensar más en la empresa que en ti, porque es el camino adecuado para empezar.

Pasan los años y empezamos a asumir compromisos profesionales, y no olvidemos, también personales. Muchos empiezan a encontrar el reconocimiento a su trabajo mediante promociones y nuevos retos. Más trabajo y compromiso. Y los que empiezan a formar familias, suman a este reto laboral, el reto de dedicar tiempo y recursos económicos a la familia que poco a poco va creciendo.

La vida pasa muy rápido y a veces no se hace la reflexión de cuál es el siguiente paso en tu carrera profesional. Frecuentemente, especialmente en España, la vida familiar condiciona mucho las posibilidades de desarrollo profesional. Puede sonar a tópico, pero esta reflexión la hago después de haber conocido numerosas historias de personas con las que me he cruzado a lo largo de mi vida profesional y personal, y ver cómo el factor familiar juega un papel crítico en el desarrollo profesional. Con esto no quiero decir, bajo ningún concepto, que haya que anteponer la vida profesional a la personal, sino que ambas vidas deben estar muy coordinadas, y que es necesario encontrar un equilibrio entre ambas, porque no se puede ser un gran profesional sin tener un gran equilibrio en tu vida personal. Para los que no lo conozcáis, os recomiendo encarecidamente que leáis el artículo ***How will you measure your***

life[9] de **Clayton Christensen**, profesor de Harvard Business School, uno de los principales referentes en temas de innovación a nivel mundial. En su artículo, el profesor Christensen desarrolla muy bien su visión sobre la importancia de equilibrar la vida profesional y la personal.

En muchas ocasiones es la propia empresa quien realmente gestiona tu desarrollo profesional. Si tienes la suerte de trabajar en una empresa donde el área de recursos humanos y tus gestores hacen un buen trabajo en dicho desarrollo, fenomenal para ti y tus compañeros. Pero eso no quita que **el gestor último de ese desarrollo profesional seas tú mismo.** Y eso debería ser una **auténtica prioridad para ti.**

Prioridad no significa que tenga que ser una preocupación omnipresente, ni que tengas que plantearte constantemente un cambio de puesto o de empresa (también colecciono un buen ramillete de ejemplos de estos en mi vida profesional). **Que sea una prioridad tiene que ver con tu actitud hacia la importancia que tiene tu desarrollo profesional en cada etapa de tu vida**: saber cuándo toca estabilidad y disfrutar del camino y crecer en un puesto, cuándo toca cambiar y buscar nuevas metas, cuándo toca formarse para estar preparado para el siguiente paso, o ampliar tu red profesional para poder identificar ese próximo paso.

Esto implica tener una **actitud proactiva** respecto al desarrollo profesional y lo que ello conlleva. Por ejemplo, ser capaz de hacer un análisis objetivo de tus fortalezas y debilidades o de tus amenazas y oportunidades, lo que en el mundo empresarial se conoce como análisis DAFO (**D**ebilidades, **A**menazas, **F**ortalezas y **O**portunidades) **¿Serías capaz de realizar tu análisis DAFO tal como realizan las empresas sobre su posición competitiva?**

En la figura 5 puedes ver las componentes de un análisis DAFO. Este ejercicio que, aunque parezca aparentemente sencillo de realizar, tiene mucha dificultad, es una buena herramienta para ponerse en marcha a la hora de analizar cuál es tu situación actual, tanto desde el **punto de vista interno (debilidades y fortalezas)** como del **externo (amenazas y oportunidades).**

9 *How will you measure your life* by Clayton Christensen, Harvard Business Review - July-August 2010.

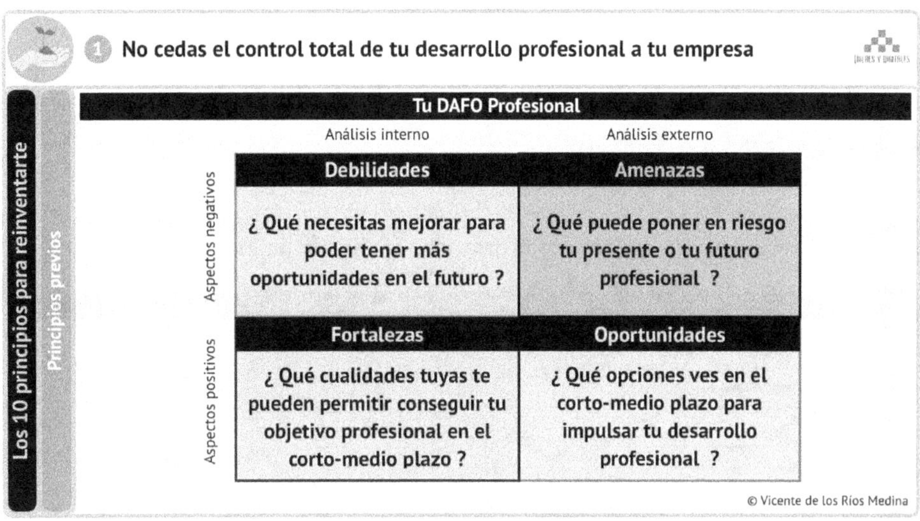

Figura 5 - Análisis DAFO personal.

Gran parte de la gestión del desarrollo profesional parte de **conocer muy bien tu situación de partida**, con la máxima objetividad que a veces conviene que aporten terceras personas de tu entorno porque van a ofrecer una visión complementaria a la tuya propia sobre tu perfil profesional. Conocer en qué eres bueno y en qué tienes que mejorar es crítico en tu desarrollo profesional. Frecuentemente tenemos la **tentación de focalizarnos en nuestra formación o desarrollo en los temas que más dominamos**, dejando a un lado las competencias o conocimientos en los que menos destacamos. Esta tendencia te acaba llevando a ser un experto en una temática, con poco recorrido o flexibilidad frente a cambios que se vayan produciendo.

Desgraciadamente el desarrollo profesional para muchas personas consiste en que le mejoren el nivel del trabajo que hace, más allá de ampliar sus competencias, lo que requeriría un esfuerzo adicional para el profesional en el desarrollo de capacidades. Seguro que tienes en mente algún caso cercano similar.

Por lo tanto, es importante realizar un **análisis interno de tus capacidades para detectar tus fortalezas y debilidades** y saber qué puntos tienes que trabajar para desarrollarte profesionalmente. Es muy diferente realizar este ejercicio cuando estás empleado en un puesto de trabajo de una empresa que cuando estás desempleado. El sentido de urgencia que genera el desempleo te ayuda a realizar un análisis más preciso que puedes validar a medida que realizas el proceso de reinvención. Para realizar tu análisis interno y definir tus fortalezas y debilidades te propongo en la figura 6 una serie de preguntas que te ayudarán a realizarlo.

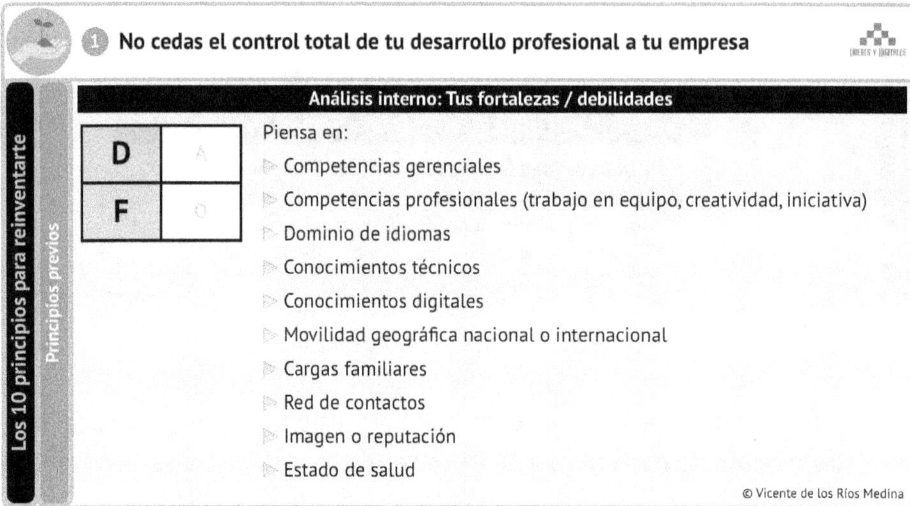

Figura 6 - DAFO Personal - Análisis interno: Tus fortalezas y debilidades.

Si es importante ser capaz de realizar un análisis interno, también es vital **entender muy bien el contexto profesional en el que te manejas.** Como decía en el capítulo anterior, el entorno laboral macro va a cambiar mucho. ¿Cómo estoy preparado yo para ese entorno? ¿Está mi trabajo expuesto a la amenaza de la digitalización y la posible automatización? ¿Está el sector en el que trabajo amenazado por estos cambios o es uno de los afortunados que va a recibir las bendiciones de la nueva era? ¿Y mi empresa? ¿Seremos ganadores o esto pinta regular? ¿Y mi departamento? ¿Seguiremos siendo necesarios o no?

Cuando me refiero a realizar un análisis del contexto, no me refiero a acceder a los últimos rumores sobre mi empresa, sector o mi jefe. **Análisis del contexto, parte de entender muy bien cómo funciona mi sector**, cuál es el modelo de negocio de mi empresa y cuáles son los actores principales del mismo. Estar al tanto de las últimas novedades y entender qué papel juego yo como pieza en el conjunto del puzle. Dejémoslo aquí, porque de este tema, hablaremos en profundidad en el próximo capítulo.

En la figura 7, te propongo una serie de preguntas para realizar el **análisis externo** con tus **oportunidades y amenazas**.

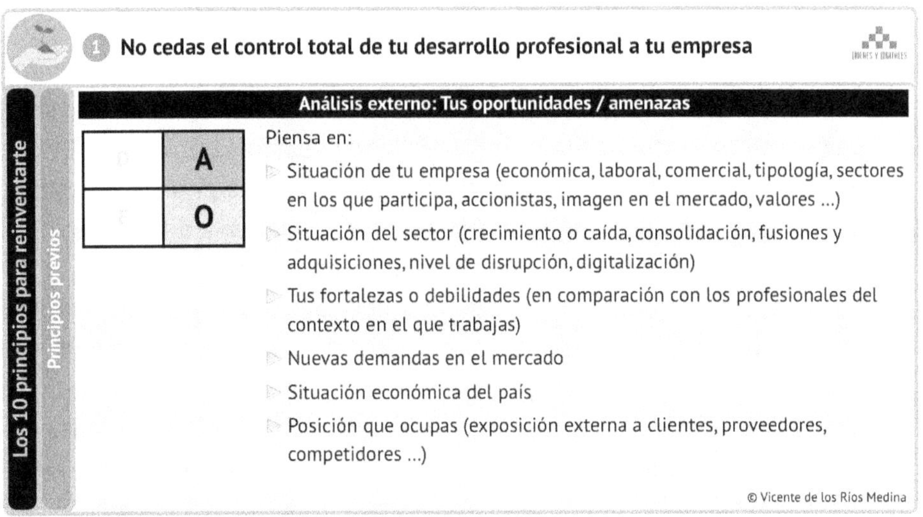

Figura 7 - DAFO Personal - Análisis externo: Tus oportunidades y amenazas.

Sinceramente creo que el ejercicio que te propongo del DAFO es una herramienta útil y sencilla para empezar la tarea que supone tomar las riendas de tu propio desarrollo profesional. Sé que es posible que te pueda dar pereza hacer este ejercicio cuando no ves nubes en el horizonte, pero este ejercicio es muy importante para poder centrar hacia dónde tienes que desarrollarte.

Para realizarlo, creo que es **esencial contar con la colaboración de personas que puedan complementar tu visión sobre tus propias capacidades.** Para ello, sería bueno recurrir a tu jefe y/o a antiguos jefes, a tus colaboradores o compañeros, e incluso a amigos que, aunque no compartan tu vida profesional, puedan complementar esa visión 360° que a veces queda un poco limitada si se consideran solamente los aspectos puramente profesionales.

Hay una serie de temas que hay que valorar a la hora de hacer tu propio **análisis interno,** y los separaría entre **competencias, conocimientos y** lo que llamaría **factores**.

Dentro de las **competencias**, un aspecto crítico en el desarrollo profesional es definir muy bien qué competencias tienes para liderar equipos, o si por el contrario eres una persona que destacas mucho más por tu capacidad como experto en determinados temas. Uno de los mayores errores que se cometen en las empresas en cuanto al desarrollo profesional de una persona es convertir a un gran experto en un mal jefe. Muchas veces esto se hace con la mejor intención del mundo, intentando premiar el excelente desempeño de un experto con una promoción como líder de un equipo, sin tener en cuenta las competencias de liderazgo de dicho experto. El profesional tiene que hacer un análisis profundo de si está capacitado o no para poder asumir responsabilidades de liderazgo, porque este hecho marca la diferencia sobre qué camino de desarrollo profesional conviene emprender.

Entre las competencias, hay que entender cuáles son las que se van a demandar a futuro. Está claro que las competencias que se van demandando cambian mucho con el tiempo, y lógicamente con el sector. Y estar al tanto de qué se demanda en el mercado y en otros sectores, muchas veces pasa por la recopilación de información a través de fuentes de información y tu red de contactos profesionales, que te permiten ampliar tu visión del entorno. Punto importante este que veremos en unos capítulos.

Respecto a los **conocimientos**, en general son más cambiantes que las competencias, y además mucho más específicos del puesto de trabajo, empresa y sector. En este caso, es muy importante, primero, identificar los principales déficits que se tienen en el puesto actual, y al mismo tiempo tener claro qué va a demandar ese puesto en el futuro próximo. En este entorno de cambios va a ser crítico tener una idea de qué lista de conocimientos tengo que validar a la hora de analizar debilidades y fortalezas.

Un punto y aparte en el tema de los conocimientos son **los idiomas**. La percepción que se tiene del dominio de los idiomas cambia mucho con el tiempo, especialmente si no se utiliza en el entorno laboral. Un nivel C1 de un recién salido de la Universidad tras un año de ERASMUS, es posible que se haya desinflado a un B2 o incluso un B1 tras 10 o 15 años de carrera profesional en un puesto sin exposición internacional.

Por último, es muy importante hacer un análisis de lo que yo llamo **factores**. ¿Qué son los factores en el desarrollo profesional? Para mí son condicionantes de diferentes tipos que dan pistas de hacia dónde enfocar tu desarrollo profesional. Por ejemplo, un factor sería la disponibilidad geográfica real. ¿Por qué digo real? Pues porque muchas veces se añade en un CV o perfil profesional disponibilidad geográfica, sin haber realizado un análisis profundo sobre la posibilidad real de un traslado. ¿Realmente sería una oportunidad para mi familia que yo acepte un puesto en otra ciudad o en otro país? ¿Cómo incidirá este cambio en mi pareja y su trabajo? ¿Y en los estudios de mis hijos, si fuera el caso? ¿Realmente me merece la pena? ¿Soy capaz de adaptarme a otro entorno cultural? ¿Domino realmente el idioma que se necesita en ese nuevo destino? Pero no solamente hablamos de disponibilidad geográfica. Hablamos de disponibilidad a cambiar de empresa, nivel salarial, objetivos, sectores en los que nunca trabajaría e incluso personas con las que no trabajaría bajo ningún concepto (no te rías que seguro que alguna vez has nominado a alguien en tu lista secreta) serían otros factores que considerar.

Tras preparar concienzudamente tu DAFO profesional, lo más importante es **empezar a trabajar los principales déficits** de tu área de debilidades. De esto hablaremos en el siguiente capítulo.

Otro buen ejercicio que te recomiendo es **recuperar el último CV** que tienes archivado en tu ordenador (madre mía, qué de polvo tiene el CV...) y animarte a actualizarlo, aunque solamente sea para ti. ¿Qué has sentido al leerlo? ¿Crees que refleja realmente tu "yo profesional"? ¿Crees que te contratarían en un nuevo puesto con ese CV? No seas muy exigente con esta prueba, como te decía, lo importante es la actitud proactiva, y si has llegado a abrir el CV es que realmente tienes ganas de ponerte manos a la obra.

Por otra parte, si te "vienes arriba" en tu afán de potenciar tu desarrollo, **¿le damos un repaso al perfil de LinkedIn?** ¿Que no tienes perfil de LinkedIn? La verdad es que más vale no tener perfil que tener cualquier cosa. Bueno, a lo mejor hay que darse algo más de tiempo para meterle mano a este tema, y trabajar antes alguno de los puntos que vamos a ver en los próximos capítulos. Todavía tenemos páginas por delante para ir paso a paso.

Para acabar el capítulo, simplemente quiero añadir una reflexión final: **si no sueñas con un futuro profesional mejor, nunca lo tendrás**. Y como comprenderás lo de soñar tu futuro deseado es algo muy muy personal, totalmente indelegable. Por lo tanto, sueña y ponte en marcha...

Capítulo 5

Segundo principio: Ten curiosidad, nunca dejes de aprender

"Para mejorar nuestro conocimiento debemos aprender menos y contemplar más".

René Descartes

La curiosidad es posiblemente una de las herramientas más importantes que tiene un profesional para desarrollarse. En el mundo actual, solamente las personas que tengan curiosidad e interés por estar actualizadas, no perderán el hilo de las transformaciones. Si lo piensas, la curiosidad es una competencia que muchas veces escasea. A veces sorprende cómo personas que trabajan en el mismo entorno, muchas veces realizando la misma función, pueden tener una aproximación tan diferente a la curiosidad: uno se entera de todo, de la última novedad del competidor, de la nueva tecnología que va a estar disponible, de la oferta que le han hecho a un amigo, de lo que dice el vendedor de la esquina; y el otro, no se entera de nada, e incluso parece que no trabaja en el mismo negocio.

La curiosidad es en el fondo, más que una competencia, una actitud. Soy un ferviente defensor de la actitud como el principal factor diferencial entre los resultados que consiguen las personas, individual o colectivamente. Deportistas como Rafa Nadal, Carolina Marín, Mireia Belmonte o Fernando Alonso, destacan principalmente por la actitud con la que se enfrentan a los retos que tienen por delante.

Os recomiendo que leáis el artículo de Harvard Business Review sobre la curiosidad ***Las cinco dimensiones de la curiosidad***[10], que desarrolla los estudios realizados sobre la curiosidad y las dimensiones que la componen. Quiero

10 *Las cinco dimensiones de la curiosidad* por Todd B. Kashdan, David J. Disabato, Fallon R. Goodman y Carl Naughton - traducido por Anna Milutinovic - HBR en español - Oct 2018.

destacar una reflexión del artículo: "**la gente se vuelve curiosa al darse cuenta de que carece del conocimiento deseado**". Por lo tanto, la curiosidad puede surgir de una reflexión previa sobre tu nivel de conocimientos, como la que propuse para tu DAFO.

Estoy convencido que la mejor manera de demostrar esa curiosidad en el entorno profesional es a través del aprendizaje, que tiene que convertir esas carencias que hemos detectado como debilidades en el DAFO, en por lo menos conocimientos mínimos necesarios para cubrir el déficit. Ese aprendizaje que nos permite destacar en nuevos campos que hoy puede que no sean relevantes en nuestro puesto actual, pero que podrían ser garantía de éxito en el futuro, y acabar convirtiéndose en fortalezas de un perfil más completo. Esa curiosidad y aprendizaje nos permitirán entender mejor el entorno laboral en el que nos movemos y cómo va a evolucionar. También te facilitará anticiparte en la búsqueda de esa oportunidad profesional, y tener más oportunidades de futuro en el caso de que venga un contratiempo.

Al fin y al cabo, **el aprendizaje es en gran parte anticipación**, y necesita de una **gran proactividad.** Estamos en la etapa de la historia donde el acceso a la formación es más sencillo, en gran medida gracias a internet y al móvil. Cualquier persona puede formarse gracias a los MOOC (Massive Open Online Courses) gratuitos, videos en Youtube, las magníficas conferencias de TED Talks o Creative Mornings, las presentaciones de Slideshare, artículos compartidos en LinkedIn o Twitter, webs de consultoras o revistas... Tenemos cualquier tipo de conocimiento disponible a unos cuantos clics de distancia. **¿Hasta qué punto estás aprovechando toda esta capacidad de acceso a formación e información para mejorar tu futuro profesional?** ¿Tienes una estrategia de contenidos que leer o estudiar para estar actualizado? ¿Sigues las principales fuentes de información de tu sector?

A la vez que recurrimos a estos recursos, también disponemos de oportunidades en nuestra vida laboral para conocer otras empresas o profesionales, de manera que esas relaciones nos enriquezcan y amplíen nuestra visión y formación.

En un tiempo de hiperinformación como este, es todavía más necesaria una **estrategia de aprendizaje** para tu desarrollo profesional que permita centrar tu aprendizaje evitando la dispersión. Para ello vas a necesitar dos recursos importantes: **algo de dinero** y sobre todo... **tiempo de calidad.**

He representado esta **estrategia de aprendizaje** como una **bebida energética** de las que usan los deportistas, en la que tienes que incorporar una serie de ingredientes para que tu estrategia de aprendizaje esté equilibrada. En la figura 8, puedes ver los ingredientes que según mi visión formarían dicha bebida.

Figura 8 - Componentes del modelo de aprendizaje.

En este caso, la dosis de cada ingrediente es responsabilidad tuya y tendrás que ir ajustándola en cada momento de tu vida profesional para conseguir un equilibrio entre el coste y el beneficio a corto, medio y largo plazo. Habrá momentos en los que tu desarrollo profesional te pida más de uno de los ingredientes, y otros en los que a lo mejor ese ingrediente no lo debes o puedes incorporar a tu vida profesional o personal.

No es igual la bebida que debe tomar un deportista para correr 10 km, que para correr la maratón. En el primer caso, lo más normal es que sea solamente agua, mientras que si te enfrentas a una maratón, ya tienes que incorporar a tu alimentación durante el recorrido sales y geles que compensen el consumo que vas haciendo km a km.

Lo importante en este punto es que **a mi entender no se debe renunciar a ninguno de los ingredientes que te propongo**, aunque está claro que en función de la situación de cada uno y de sus necesidades, la dosis de cada uno de ellos será muy diferente.

PRIMER INGREDIENTE: Temas de interés para tu desarrollo profesional

El primer ingrediente que hay que considerar es **qué temas son importantes para mí y para mi desarrollo profesional.** Esta selección es muy importante, y para ello es necesario aprovechar el ejercicio que hemos hecho del DAFO.

Tras haber trabajado en Telefónica durante 25 años con responsabilidades muy diferentes entre sí, he ido generando una lista amplia de temas a seguir. En la época que trabajé en el negocio mayorista internacional, a finales de los 90, la información era más difícil de conseguir y seguía temas principalmente del sector por medio de publicaciones especializadas. Al pasar a ser director de Servicios de Información y Directorios, empecé a centrarme en temas más comerciales y de consumo, entre los que destacaban el marketing y la publicidad. Con el paso a responsable de www.telefonicaonline.com y posteriormente de www.movistar.es me introduje en el mundo digital y la tecnología de consumo. Puedes imaginar que estos campos son actualmente un pozo sin fondo para el conocimiento y la formación. Como director de Gran Público en Comunidad Valenciana, Murcia y Baleares tuve que poner más foco en los temas eminentemente locales y en la competencia en el negocio de particulares. Mi vuelta al mundo digital como director Global de Canales Digitales de Telefónica, no me supuso mucho cambio desde el punto de vista de temas a seguir, porque prácticamente ya estaba siguiendo los temas claves para mi nueva responsabilidad. Por supuesto que, en todos estos puestos, siempre ha habido temas a seguir sobre competencias genéricas, como recursos humanos, liderazgo y comunicación, que son muy necesarios para la gestión directiva.

Pero al salir de Telefónica y decidir emprender una carrera donde el asesoramiento y formación son mis actividades fundamentales, ¿qué tengo que seguir? Bueno, en este caso, la complejidad viene más de que ya no estoy centrado en un solo sector como podían ser las telecomunicaciones (lo digital me daba juego para echar un ojo a otros sectores). El asesorar a empresas y formar a alumnos de múltiples sectores y diferentes funciones y posiciones me ha obligado a ampliar bastante los campos que sigo a diario. En el fondo, la formación y la búsqueda de información son dos de las actividades más importantes del que forma y asesora. Digamos que, en este entorno, se hace tan importante el **qué sigues** como el **cómo lo sigues**.

¿Conoces **los temas que tienes que seguir para estar al día de tu negocio**? Para ello te propongo en la figura 9 una serie de opciones de la que puedes sacar tus propios temas a seguir.

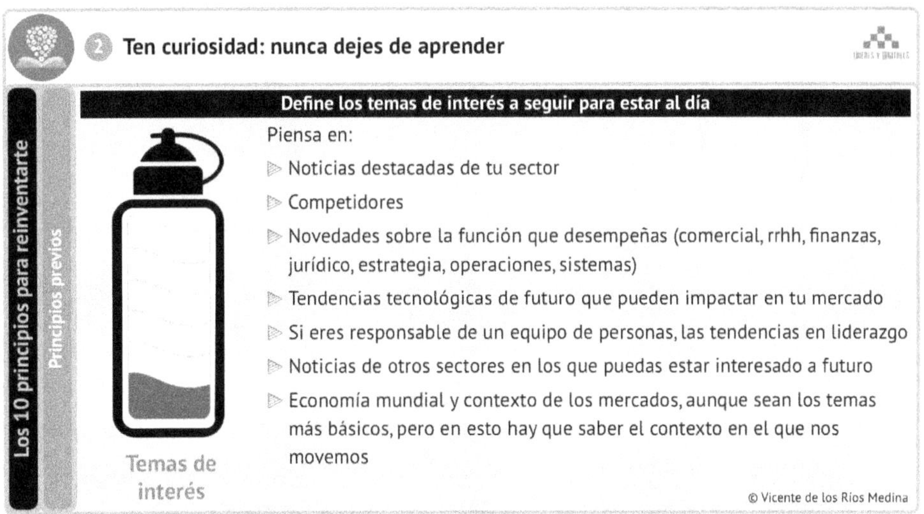

Figura 9 - Primer ingrediente: Definiendo los temas de interés que seguir para estar al día.

SEGUNDO INGREDIENTE: Fuentes de información

Una vez identificados los temas que vas a seguir, toca definir qué **fuentes de información** vas a utilizar para estar al tanto de las novedades en dichos temas. En mi caso, utilizo diferentes fuentes de información que me permiten recibir a diario información de tendencias y últimas novedades y poder estar actualizado. Estar actualizado es muy importante en el desarrollo profesional y tiene que ser, no solamente una actividad de la jornada laboral, sino también de tu tiempo personal. Pienso que para ser un buen profesional hay que invertir parte de tu tiempo y dinero personal en estar al día.

Si hablamos de fuentes de información podemos utilizar diferentes tipos de fuente como las que resumo en la figura 10.

Figura 10 - Segundo ingrediente: Crear tu lista de fuentes de información.

- **Consultoras**: Son una de las principales fuentes que debe seguir un profesional si quiere estar al día. Te permiten estar al tanto de las principales tendencias, tanto a nivel de competencias, como de sectores, y son una gran referencia a la hora de poder mejorar tu comprensión del negocio. Todas ellas tienen una *newsletter* a la que te puedes suscribir para recibir sus publicaciones, e incluso aplicaciones para iPad muy útiles como la de McKinsey.
- **Escuelas de negocio y universidades**: Incorporan un punto diferente y complementario al de las consultoras. En este caso, creo que habría que diferenciar claramente entre Harvard y el resto. Además de consultar sus webs, puedes seguirlas a través de sus *newsletters.*
- **Harvard Business Review**: Le dedico un apartado especial a la Escuela de Negocios Harvard, porque es en sí misma una auténtica fuente de información. Si tuviese que optar por una fuente de pago para tener acceso a información relevante para mi desarrollo, me decantaría por una suscripción a Harvard Business Review. Su precio ronda los 150 euros anuales en España en 2019 y ofrece el acceso a su revista

bimestral, tanto en formato papel, como en digital, y además acceso *online* a todo el archivo histórico de revistas y publicaciones diarias. Cubre prácticamente todas las competencias e infinidad de temas que te permiten estar totalmente actualizado y sobre todo, profundizar en los campos en los que necesitas estar actualizado. Su servicio de *newsletters* diarias es francamente bueno y completo. Un buen complemento al Harvard Business Review es su edición española, que de manera reducida publica los mejores artículos traducidos al español. Si quieres empezar por una opción sin coste, esta podría ser la opción adecuada (además el registro a HBR global gratuito permite acceder a 3 noticias al mes).

- **Webs especializadas**: En este caso, es difícil precisar cuáles pueden ser de más interés para cada profesional. El hábito de ir siguiendo temas de interés te acaba llevando a crearte tu propia lista de webs. Así que aquí prima el hábito, y sobre todo el nivel de especialización que vayas buscando. A modo de resumen te dejo algunas de las que a mí me resultan más interesantes para los temas que sigo:

  - **The World Economic Forum** weforum.org: Aquí puedes encontrar los últimos informes publicados por el Foro Económico Mundial (WEF), muchas veces en colaboración con otros organismos y consultoras. Cubren una amplia selección de temas y tendencias de futuro.
  - **Seeking Alpha** www.seekingalpha.com: Es una plataforma donde se publica todo tipo de información sobre empresas cotizadas, publicación de resultados, análisis de evolución de empresas. Estos informes están realizados por profesionales que siguen empresas y sectores y que aportan una visión complementaria (en general menos políticamente correcta) a la que pueden ofrecer fuentes más oficiales, como los analistas de inversión o los bancos.
  - **Business Insider** www.businessinsider.com: Otra de las fuentes de referencia de todo tipo de temáticas empresariales y sociales que permite estar al día.

- **CB Insights** www.cbinsights.com: Es una plataforma de información que se centra en las inversiones en *startups* y que hace muy buenos análisis del futuro de los mercados y sectores.
- **Visual Capitalist** www.visualcapitalist.com: Esta web está especializada en la divulgación de información a través de infografías. Una infografía siempre ayuda a ver las cosas de una manera diferente.
- **Singularity Hub** www.singularityhub.com: Es la web de divulgación de Singularity University (www.su.org), iniciativa que divulga las oportunidades que ofrecen las tecnologías exponenciales, que intentan encontrar soluciones a los mayores retos de la humanidad. Interesante para seguir lo que viene un poco más allá del futuro inmediato.
- **Think with Google** www.thinkwithgoogle.com: Esta es una iniciativa de Google para divulgar conocimientos y experiencias alrededor del marketing digital. Principalmente centrada en los resultados del uso de sus herramientas por sus clientes, siempre aporta una visión interesante sobre el mundo digital, una de las capacidades y conocimientos que todos tenemos que desarrollar a futuro.

Estas son algunas de las que a mí me resultan más interesantes, pero como te decía, lo más importante es que vayas creando **tu propia lista de fuentes** donde incluyas las de las webs especializadas de tu sector o áreas de interés.

Junto a consultoras, escuelas de negocio y webs de referencia, puedes complementar el acceso a información con el seguimiento en LinkedIn o Twitter de personas de referencia en las temáticas que te interesen. **La presencia en redes sociales se puede llevar a cabo de múltiples maneras, no solamente generando contenido en ellas. Divulgar el contenido de terceros, escuchar o leer a terceros es una forma muy importante de participar en ellas, y muchas veces, la más útil.** Es importante que definas tu lista de perfiles favoritos a seguir para poder tener acceso a información de referentes. Para ello, por ejemplo, en LinkedIn no es necesario invitar a una persona a tu red; simplemente con elegir la opción de "seguir" es suficiente. Otro tema interesante de Twitter es la posibilidad que ofrece de búsqueda de información en los tuits ya publicados por un perfil. Si quieres buscar por ejemplo qué he publicado en mi perfil (@vdlrios) sobre Amazon, sólo tienes que introducir en el buscador de Twitter:

Amazon from:vdlrios

y obtendrás todos los resultados de mis tuits publicados que incluyen la palabra Amazon. Esta sencilla herramienta ayuda a la búsqueda de información concreta a través de Twitter, en cualquier perfil, algo que puede ser muy útil.

TERCER INGREDIENTE: Las herramientas digitales

Después de ver las fuentes de información que te van a permitir estar al día e incluso anticipar el futuro, es importante prestar atención a las **herramientas digitales que te ayudarán a tener acceso a la información y gestionarla**. La eficiencia en la búsqueda, almacenamiento y procesamiento de la información son claves para poder sacarle partido. Por ejemplo, no tener orden en la información que sigues te puede llevar a un cierto ***síndrome de Diógenes informativo.***

Dentro de las **herramientas de apoyo** deberías valorar diferentes **aspectos para poder disponer de una buena plataforma.** En la figura 11, he incorporado un conjunto de herramientas que considero importantes para apoyar en tu desarrollo.

- **Equipamiento tecnológico propio**: Creo que es importante hablar de tecnología y de la importancia de la inversión que se haga en ella para el desarrollo profesional y personal. Una de las recomendaciones más importantes que hago a mis alumnos y amigos es **la necesidad de invertir en equipamiento tecnológico,** en un buen ordenador y móvil personal y/o familiar, más allá del que te pueda proveer tu empresa para el trabajo. En esta época, el móvil y el ordenador son nuestras herramientas principales de acceso al conocimiento y no podemos depender de un equipamiento que nos entrega nuestra empresa que sólo podemos utilizar mientras trabajemos en ella.

¿Qué pasaría si al tener que buscar trabajo no dispones de ordenador o móvil porque el único que tenías hasta ahora lo tienes que devolver a tu empresa al abandonarla? ¿Sería el mejor momento para tener que asumir una importante inversión económica y además empezar de cero con un equipamiento que no dominas?

Figura 11 – Tercer ingrediente - Tus herramientas digitales.

Adicionalmente, las empresas están blindando más sus dispositivos para garantizar la seguridad de sus redes y su información. Esta medida, totalmente lógica y necesaria para garantizar la continuidad de sus negocios, limita de manera importante la posibilidad de experimentar con nuevas *apps* o *software* o acceso a webs que tu empresa no considere relevantes para el trabajo diario.

Creo que, en esta era digital, la inversión que haga una persona o familia en tecnología (no hablo solamente de ordenador, móvil o *tablet*, sino también de otros equipamientos que están poblando nuestro hogar como dispositivos domóticos, multimedia...) va a ser un factor diferenciador en el desarrollo profesional, en el educativo y a la larga en el futuro laboral de los miembros de la familia. Así que si no lo has hecho ya **toca rascarse el bolsillo en tecnología y además hacerlo con criterio y visión de largo plazo**. Cuando digo largo plazo, especialmente en el ámbito de una familia, me refiero a que muchas veces es mejor invertir un poco más en un equipo con mayor capacidad o más evolucionado que permita incrementar su vida útil, a lo mejor no para ti, sino para otro miembro de tu familia.

- **_Software_ y licencias**: El equipamiento no es productivo si no se dispone de *software* o licencias para utilizar aplicaciones. Muchas de estas aplicaciones son gratuitas, pero cada vez más proliferan herramientas muy útiles de pago, que se contratan en base a cuotas mensuales o anuales. También tendrás que destinar un presupuesto a esta partida para poder disponer de soluciones que te permitan sacar lo mejor de tus equipos. *Software* como el Office 365 personal te permitirá acceder a Word, Excel, Powerpoint, Outlook, One Note y a One Drive. Una buena alternativa gratuita a Office 365 es Google Docs y su suite de servicios asociados a una cuenta de Gmail o de GSuite. Si eres de Mac, la suite de Works de Apple es otra opción.

  Pero además de estos servicios básicos, cada vez es más importante la decisión que tomes sobre disponer de un servicio de almacenamiento en la nube: One Drive, Google Drive, Dropbox o iCloud son algunos de los principales productos del mercado. Otro *software* crítico es el antivirus, una herramienta totalmente imprescindible en esta época. Te recomiendo comprar una licencia y tenerla instalada y actualizada. Entre el antivirus y el servicio de almacenamiento en la nube, podemos intentar garantizar por lo menos parcialmente, nuestra seguridad informática, algo que desgraciadamente es cada vez más complicado.

  Si además eres de los que te gusta la creación de contenidos audiovisuales como fotografía, video, infografías... tienes múltiples opciones para invertir más dinero tanto en *software* como en *hardware* que te permitirán crear contenidos casi profesionales.

- **Un buen cuaderno digital**: Un buen cuaderno digital te permite apuntar la información que vas obteniendo en diferentes formatos. Si dispones de una licencia de Office 365, te recomiendo One Note que viene incluido en la *suite*. Evernote sería otra buena alternativa, aunque en este caso es de pago (salvo la versión básica que a mi gusto se queda algo corta). Dentro de las opciones gratuitas Google Keep es una buena opción. Todos estos servicios están basados en tecnologías en la nube, lo que te permite una sincronización de los contenidos de tu cuenta en todos los dispositivos en los que usas el *software*, de forma que siempre tienes acceso a tu información y puedes ir añadiendo nueva con independencia del dispositivo que lleves en ese momento.

En el caso de One Note, que es el que uso yo, puedes crear cuadernos donde guardar notas, páginas webs, fotos, notas de voz..., organizadas y etiquetadas para luego poder acceder más fácilmente a la información. Otra funcionalidad interesante es añadir a tu navegador el *widget* (web *clipper*) que permite guardar en One Note una página web en el cuaderno que quieras. Esto facilita mucho la gestión de la información que quieres guardar. En el tema de estar informado, como te decía, cómo gestionas y almacenas la información es clave.

- **Otras herramientas de apoyo**: Entre las herramientas de apoyo adicionales que te sugiero están los **agregadores de fuentes** como **Flipboard**, **Paper.li** o **Hootsuite**, que permiten gestionar fuentes de información, principalmente redes sociales, y tener disponible toda información en una única plataforma. Además, permiten guardar y compartir la información que más te interese en documentos con un formato similar a un periódico o una revista. Por ejemplo, yo publico diariamente un periódico ***El diario de Vicente de los Ríos*** mediante la herramienta **Paper.li**, que me permite la creación automática de un periódico a partir de las fuentes que sigo en Twitter y de mis propios tuits. Esto me ayuda tener clasificada la información de mis principales fuentes por temas o categorías, poder seguirla más fácilmente y además distribuirla entre mis seguidores en redes sociales. Flipboard, por ejemplo, permite crear revistas con noticias interesantes que incluso se pueden crear de manera colaborativa entre un grupo de personas. Esta puede ser una herramienta ideal para compartir conocimiento entre un equipo de profesionales o amigos. Te recomiendo que pruebes ambas.

Una herramienta más especializada para la gestión de redes sociales, que también te podría ayudar en este tema, es **Hootsuite**. Aunque es más interesante para la gestión de los perfiles personales o de empresa, su uso básico también te puede ayudar.

También me gustaría destacar entre las herramientas de apoyo a **Google Alerts** que permite hacer un seguimiento a noticias relevantes sobre un término o conjunto de ellos que están disponibles en Google. Es muy útil para saber por ejemplo qué se publica sobre tu empresa, o incluso qué se publica sobre una persona (te recomiendo que te crees una alerta sobre tu nombre e incluso el de tus hijos, que siempre viene bien saber si Google ha indexado alguna información sobre vosotros que desconozcáis). La herramienta de Google Alerts está asociada a tu cuenta de Gmail, y genera de un mensaje instantáneo de alerta o un resumen diarios o semanales que incluye la fuente en la que ha aparecido el término seguido.

CUARTO INGREDIENTE: La formación

La **formación** es otro de los ingredientes básicos para tener un desarrollo profesional exitoso. Muchas veces no somos conscientes de lo importante que son las decisiones en el ámbito de la formación y cómo por acción o por omisión podemos estar condicionando nuestro futuro laboral a través de la formación.

Actualmente tenemos un gran acceso a medios de formación tanto en precio como en formato de impartición. Es importante destacar que en lo que se refiere a la formación, hay dos aspectos que definen claramente la inversión que hace una persona en ella: la **inversión económica** y el **tiempo empleado.** La digitalización está permitiendo reducir simultáneamente y de forma muy importante ambos costes.

El desarrollo de la **formación *online*** se ha beneficiado mucho de las nuevas tecnologías, y es claramente una de las opciones preferidas por muchos profesionales a la hora de cubrir algunas de sus carencias formativas. El desarrollo del *smartphone* ha sido también clave en la explosión de la formación en el móvil. El móvil permite aprovechar los tiempos de desplazamiento para realizar formación y además dota de la capacidad de personalizar la formación al usuario. La formación presencial también se ha beneficiado de este desarrollo, tanto en la posibilidad de utilizar herramientas que mejoren la oferta formativa, como por el abaratamiento que se obtiene cuando se complementa con formación *online*.

Pero, ¿cómo diseñar un buen plan de formación en la era digital, en la que hay un exceso de oferta formativa? En mi opinión hay que considerar tres aspectos muy importantes:

- **Definir cuáles son tus carencias formativas.** Los déficits formativos hay que definirlos respecto a un perfil concreto al que aspiras. Cuando las carencias tienen que ver con el desempeño actual de tu puesto, o los déficits que presentas para presentarte a un puesto o convocatoria donde los contenidos están definidos, la identificación de los conocimientos o capacidades que necesitas es mucho más obvia. El problema viene cuando la formación tiene que enfocarse a un futuro incierto, para el que no tenemos una idea clara de qué vamos a necesitar. En estos casos más difusos, el tener una buena estrategia de acceso y seguimiento a información puede ser más importante que la propia formación, porque permite tener controladas áreas de conocimiento más amplias, posiblemente con menor profundidad, pero que permite poder reaccionar cuando se va definiendo la oportunidad.
- En segundo lugar, es muy importante **tener claro los recursos disponibles para formación**. Como decía anteriormente en este punto hay que tener claro cuánto dinero podemos invertir y sobre todo de cuánto tiempo de calidad disponemos para abordar la formación y en qué momentos podemos disponer de él. Este aspecto es vital, especialmente en lo que se refiere al tiempo, porque es un factor limitante en la formación. El ser humano tiene una tendencia natural a la falta de constancia en la formación (especialmente si no tiene coste para el alumno) y es importante abordar la formación con la máxima garantía de poder acabarla.
- El tercer aspecto, es una competencia profesional clave y es **el dominio del inglés**. El hecho de poder recibir formación en inglés o no, nos lleva a escenarios muy distintos, porque actualmente hay una

gran parte de formación de muy alta calidad, gratuita o de pago, que requiere el dominio del inglés. Si tienes carencias importantes en inglés, es posible que tu primera prioridad formativa sea alcanzar un nivel mínimo de inglés que te permita acceder a una formación diferencial. Además, esa mejora te supondrá un beneficio en tu actividad profesional.

Cuando tenemos claro estos tres aspectos, toca priorizar y decidir por dónde empezamos. Es difícil poder establecer una clasificación de fuentes de formación, en esta época de sobreabundancia formativa. Pero voy a intentar definir unas reglas para ayudarte en este tema. En la figura 12, puedes ver los tipos de formación a los que puedes recurrir para cubrir tus necesidades formativas y que voy a tratar de explicar en las próximas páginas. He dividido la formación en función de **dos variables**, la primera sería **el coste económico**: gratuita, coste medio y coste alto; la segunda sería la **dedicación en tiempo** que suponen: de baja a alta. A continuación, te voy a describir las opciones que puedes valorar a la hora de preparar tu plan de formación.

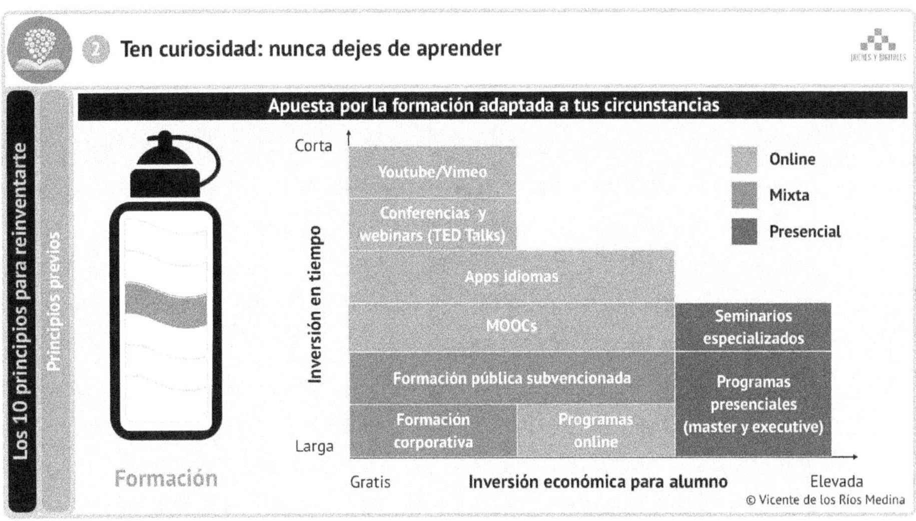

Figura 12 – Cuarto ingrediente: Apuesta por la formación adaptada a tus circunstancias.

- **<u>Youtube/Vimeo</u>**: Seguro que alguna vez has recurrido a Youtube para aprender cómo usar esa función olvidada de Excel o incluso buscar un tutorial de WordPress. Que levante la mano el que no ha recurrido al profesor Youtube. Las plataformas de video Youtube o Vimeo pueden ser una buena alternativa para solucionar una necesidad puntual. En ellas podemos encontrar formación instantánea de múltiples temas o incluso empezar a descubrir los principales conceptos de alguna materia de la que no tenemos ningún conocimiento. Especialmente útil en los temas de aplicaciones, *software* y similares.

- **Conferencias y *webinars***: En este caso la formación es más especializada. Aunque en Youtube y Vimeo hay muchas conferencias gratuitas, para mí la mejor herramienta de conferencias, tanto en formato, usabilidad, interés de los contenidos, como en el diseño en sí mismo de la conferencia es **TED Talks**. Aficionarse a ver periódicamente las conferencias de TED Talks relativas a uno o varios temas en los que necesitas profundizar, puede ser una buena herramienta de formación. Cada conferencia requiere de unos 15 minutos, por lo que tienen un tamaño ideal para verlas en el metro, autobús, o para aprovechar una espera o un viaje. Son eminentemente divulgativas y por su duración son una introducción a una especialidad o pensamiento que nos puede abrir los ojos para que luego profundicemos en él gracias a otras fuentes de información. Además de tener la *app* instalada en el *smartphone* y el *tablet*, es interesante para los que tengáis *smart TV* o dispositivos similares (Apple TV, por ejemplo) el uso de la *app* que tiene TED Talks para las *smart TVs* y que permite ver sus charlas en la TV, en vez de ver por enésima vez empezada la cuarta parte de la Jungla de Cristal. Cambiar al bueno de John McClane pegando tiros y ensangrentado por uno de los conferenciantes de TED puede cambiar en parte tu futuro profesional:

  Si queremos profundizar más en un tema, los ***webinars*** pueden ser una muy buena alternativa. Muchas de las consultoras fabricantes, escuelas de negocios realizan periódicamente *webinars* gratuitos que permiten acceder a conocimientos especializados de un tema profesional. Este tipo de acciones divulgativas es muchas veces una herramienta de marketing de la empresa que lo organiza, que obtiene *leads* comerciales de los participantes ya que para poder visualizar el *webinar*, solicitan tus datos de contacto y alguna información de tu empresa. Puedes acceder a los que más te interesen a través de las fuentes de información que hemos mencionado anteriormente. A medida que vayas entrando en faena, irán apareciendo en tu *e-mail* o en la navegación por esas páginas ofertas de *webinars* y *ebooks* gracias a las técnicas de personalización y de *retargeting* actuales. Muy buena opción gratuita si haces una buena prospección. Quizás el mayor factor limitante es el tema del idioma, porque gran parte de estos *webinars* son en inglés. Como ejemplo de esta herramienta aplicada al sector de tecnología y digitalización, os recomiendo los de CB Insights (www.Cbinsights.Com), Gartner (www.gartner.com) o los de ARK Invest (www.ark-invest.com).

- ***Apps* para aprendizaje de idiomas**: Como hemos visto, la formación en idiomas, especialmente en inglés, puede ser un factor limitante en el desarrollo profesional. La digitalización también ha ayudado mucho en este aspecto. Estas aplicaciones aprovechan las funcionalidades que han ido incorporando ordenadores, *tablets* y sobre todo, móviles para facilitar una experiencia formativa en idiomas que garantice un aprendizaje progresivo. Existen múltiples opciones: desde el líder del mercado, **Doulingo**, que supera ya los 100 millones de usuarios, y que permite el aprendizaje de gran cantidad idiomas a través de diferentes actividades, con opciones gratuitas y de pago, a otras soluciones como **Babbel**, **Busuu**, **Memrise** o **Rosetta Stone** (que combina la formación puramente *online* asíncrona, con clases con profesor *online*). Y desde luego, en el tema de los idiomas tampoco hay que olvidar las importantes mejoras que ha incorporado Google Translator a la hora de traducir ese documento en inglés que se te atraganta o la presentación que tienes que traducir al inglés u otro idioma. Posiblemente, tu primera experiencia hace unos años con esta herramienta de Google no fue muy satisfactoria, pero su mejora en los últimos 18 meses por la introducción de técnicas de inteligencia artificial avanzada es realmente impresionante.
- **Los MOOC** (*Massive Online Open Courses*) Si hay una tendencia que ha revolucionado el mundo de la formación han sido los MOOC. Esta herramienta ha permitido por una parte poner a disposición de millones de alumnos, muchos de ellos sin acceso a la formación, una

herramienta formativa gratuita y accesible. Con ello se permite formar simultáneamente a cientos de miles de alumnos a través de una combinación de una solución tecnológica y un diseño de contenidos educativos adaptados al medio *online*. Además, tanto la adopción de modelos de negocio del mundo digital como la creación de plataformas con efectos red, han generado plataformas educativas de gran éxito.

Para mí es actualmente una herramienta que tiene que formar parte, sin lugar a duda, de tu estrategia formativa. Sería aconsejable que hicieses un par de cursos al año en alguna de las principales plataformas que te detallo a continuación.

En sus inicios, para crecer en volumen de usuarios, estas plataformas ofrecían los cursos gratuitamente. Una vez alcanzada la masa crítica para generar efectos *red*, han pasado a ofrecer gratuitamente los cursos sin acreditación y a cobrar por la certificación. De ese modo, generan ingresos por las tarifas de certificación. No son costes elevados, aunque a efectos formativos, las opciones gratuitas pueden ser muy interesantes. Recuerda en este punto, cómo la psicología hace que tengamos una gran tendencia a abandonar la formación que no nos cuesta dinero por la falta de constancia.

Todos ellos disponen de una web y de *apps* para móvil y *tablet*, que son muy útiles porque permiten descargar los contenidos y poder avanzar en el curso en los momentos libres disponibles a lo largo del día. También es importante destacar que la mayor parte de estos cursos son en inglés, aunque incorporan subtítulos en español en sus videos.

A continuación, te voy a hablar de cinco de estas plataformas, que creo que son las que más te pueden ayudar en tu estrategia de formación en el corto plazo. **Coursera, edX, LinkedIn Learning** (antiguo lynda.com), **Miriadax** y **Google Activate**.

- **Coursera** (www.coursera.org): Creada por Andrew Ng y Daphne Koller, profesores de la Universidad de Stanford, en octubre de 2011, actualmente tiene 33 millones de usuarios registrados que disfrutan de sus más de 2.400 cursos *online*. Además, tiene acuerdos con más de 100 universidades y escuelas de negocio a nivel mundial. Un ejemplo de sus cursos podría ser este que nos vale para el objeto de este libro: *English for career development* (https://www.coursera.org/learn/careerdevelopment), curso de la Universidad de Pennsylvania donde te explican una serie de herramientas de desarrollo de carrera profesional para personas que no dominan el inglés. Yo he hecho varios de los cursos de Coursera y mi experiencia ha sido muy buena. Todos ellos tenían elevada calidad y un buen equilibrio inversión tiempo vs. beneficio. Un aspecto interesante de este tipo de formación es que la implicación del alumno pasa muchas veces también por ser evaluador del trabajo del resto de compañeros (*peer reviewed assignments*). Coursera está expandiendo sus productos formativos y ha empezado a ofrecer programas *online* de grado y máster de reconocidas universidades, de varios años de duración y con precios que llegan a superar los 20.000 dólares.

- **edX** (www.edx.org): Creado por el MIT (Massachusetts Institute of Technology) y la Universidad de Harvard en 2012, actualmente ronda los 15 millones de usuarios registrados. Cuenta con la colaboración de muchas de las mejores universidades y escuelas del mundo (MIT, Harvard, Berkeley, Columbia, Caltech, Sorbona, Imperial College...).
- **LinkedIn Learning** (www.linkedin.com/learning): LinkedIn compró en 2015 la plataforma Lynda.com fundada en 1995 por Lynda Weinman y su marido Bruce Heavin. Es una plataforma de cursos en videos que, a mi modo de ver, no tiene la calidad de la formación de los cursos de Coursera o edX, pero puede ser una buena solución si tienes la cuenta de pago de LinkedIn, en la que se incluye sus cursos.
- **Miriadax** (www.miriadax.net): Es una iniciativa liderada desde 2013 por Telefónica y que ofrece una importante oferta de MOOC en español en colaboración con universidades y entidades latinoamericanas.
- **Google Activate** (www.google.es/landing/activate/): Es una plataforma de Google donde puedes acceder a formación en español de capacidades y conocimientos digitales. También ofrece formación para jóvenes desempleados en colaboración con otras entidades.

Un ejemplo de ello es el **MOOC Transformación Digital para el empleo** de Google Activate y EOI (Escuela de Organización Industrial) que dirijo y al que podéis acceder a través del siguiente enlace: https://cursos.formacionactivate.es/transformacion-digital/curso. Google además tiene otras iniciativas de formación sobre sus productos de marketing digital y habilidades de negocio como **Academy for Ads** o la *app* **Google Primer** respectivamente.

Si todavía no has hecho un MOOC, creo que ya no tienes excusa para no hacerlo. ¡Ánimo y a por él!

- **Formación subvencionada**: En España existen muchas ayudas de diferentes organismos y entidades para la realización de formación subvencionada. Cámaras de comercio, ayuntamientos, comunidades autónomas o gobierno central tienen múltiples programas de apoyo a la formación y al desarrollo especialmente en temas en los que se necesita mejorar la cualificación de los profesionales. Siguiendo con el ejemplo de la EOI, donde soy el responsable del Programa Ejecutivo en Transformación Digital, la Escuela ofrece periódicamente programas de diferentes temáticas en colaboración con ayuntamientos y CCAA, que son una magnífica oportunidad de acceder a formación de alto nivel a precios muy asequibles, gracias a las ayudas que ofrecen los organismos públicos. En los últimos dos años se han lanzado bajo esta modalidad ediciones del Programa Ejecutivo en Transformación Digital de EOI en Málaga, Tenerife y más recientemente en Santander. Estar atento a estas oportunidades también es parte de tu plan de desarrollo profesional.
- **Formación corporativa**: Tu empresa también es otra fuente de posibilidades interesantes de formación. Es posible que alguno piense que la formación de su empresa no es atractiva y que siempre recibe la misma formación o que es escasa. Simplemente decirte, que cuando se trabaja por cuenta propia, se valora bastante más la formación que se recibía trabajando por cuenta ajena, especialmente porque la tienes que pagar tú.

  Muchas veces disponer de mejor formación en tu empresa, depende principalmente de tu proactividad a la hora de pedirla o proponerla. Ya sé que alguno dirá que siempre le dan la formación a los mismos, pero creo que si eres proactivo y sabes justificar la necesidad de tu formación puedes conseguir esa formación que necesitas. Algunas veces la formación en la empresa puede venir por formación que realiza un proveedor para utilizar sus productos o servicios, y a la que es difícil tener acceso en el mercado abierto de formación. Así que hay que saber aprovechar muy bien la palanca de la formación corporativa. Y si al final tienes que financiarte tu propia formación, siempre puedes intentar que la empresa subvencione parcialmente esa formación, eso sí, asumiendo que esa ayuda tiene siempre unas contraprestaciones en términos de compromiso de permanencia o devolución en caso de abandonar la empresa en un periodo de tiempo.

- **Seminarios especializados**: Esta es una alternativa muy exclusiva y especialmente necesaria si se quiere realizar un reciclaje sobre un tema muy específico en una situación concreta. En general, suelen ser presenciales y su coste elevado para el número de horas que incluye la formación. Mi recomendación para este tema es apostar por escuelas o universidades de prestigio y recabar referencias sobre el seminario que vas a hacer, porque esta inversión puede ser de riesgo si luego no coincide con el objetivo buscado, o el nivel de los contenidos no es el adecuado.
- **Formación *online***: La digitalización está incrementando este tipo de formación y en estos momentos es una de las que ofrece mejor relación precio-calidad. En un movimiento paralelo al de la creación de los MOOC, muchas universidades y escuelas de negocio, están apostando fuertemente por este tipo de formación que ofrece al alumno acceder a sus programas a un coste en tiempo y precio mucho menor que el de los presenciales, con una gran flexibilidad horaria y aprovechando los nuevos recursos que incorpora la formación *online* (*apps*, video, subtítulos, herramientas colaborativas, webinars...). Si en los MOOC los participantes que inician un curso pueden alcanzar las decenas de miles de alumnos, en estos casos, el número máximo de alumnos no suele superar los 150-200. Este número permite al organizador ofrecer un precio competitivo por la economía de escala del número de alumnos, al mismo tiempo que permite al alumno una interacción

media con el grupo (especialmente si hay proactividad por parte del alumno). En este caso destacaría las iniciativas de las universidades y escuelas de negocio de EE. UU., principalmente la oferta *online* de Harvard Business School, **HBX** (hbx.hbs.edu). Esta apuesta de Harvard por la digitalización de su formación, ofrece programas de 6-8 semanas de duración con un precio en el rango de 1.400-3.000 dólares. He realizado el programa *Disruptive Strategy* del profesor Clayton Christensen, que me pareció muy bueno. Además, dentro de su proceso de digitalización, Harvard ha creado una iniciativa muy innovadora, **HBX Live,** en el que replica en el estudio de TV de Harvard Business School una clase con un *videowall* de 60 pantallas individuales, en las que 60 alumnos interactúan en una clase online síncrona con uno de los profesores de Harvard. Es una sesión prácticamente equiparable a una clase presencial, gracias al diseño de la sesión y a las herramientas de apoyo que ofrece. He participado en dos sesiones de HBX Live (una con Clayton Christensen y otra con Bharat Anand, director de HBX) y la experiencia es fantástica. Después de un periodo de pruebas, se está incorporando de manera habitual HBX Live a los programas HBX. Os dejo aquí el acceso a una sesión en la que participé, que se retransmitió en Facebook Live y que os permitirá haceros una idea de cómo es esta nueva experiencia: (https://www.facebook.com/HarvardHBX/videos/2064427533585298/UzpfSTYwMzEyODUzMToxMDE1NzQwOTQwMDk5MzUzMg/).

Otra iniciativa *online* interesante es la del **Emeritus** (emeritus.org), creada por el MIT, Columbia University y Tuck School - Dartmouth, que comercializa la formación *online* de estas escuelas. También destacaría en este apartado, los programas de **Stanford Online** (online.stanford.edu), que incluye desde cursos tipo MOOC hasta Programas formativos *online* de varios años

- **Programas presenciales (MBA y Executive MBA):** Para acabar el punto de la formación, vamos a hablar un poco de los programas más potentes en términos de dedicación de tiempo e importe económico, el famoso MBA. Tomar una decisión sobre realizar un MBA es realmente una decisión importante en la carrera profesional. Es una gran inversión en tiempo y dinero y hay que tener muy claro si merece la pena hacerlo, el momento de hacerlo y qué escuela y programa elegir. Aunque parezca que la principal barrera puede ser la inversión económica y su retorno económico vía promoción o aumento de sueldo, para mí, el mayor reto es *"hacerle hueco"* en tu vida profesional, y especialmente en la personal a un programa de esta intensidad. A pesar de que estés estudiando, tu día a día laboral se debe sacar adelante, y lógicamente se acaba resintiendo la vida familiar. Es una decisión compleja y mi consejo es que, si estás pensando en hacerlo, te asesores con personas que ya lo hayan hecho en diferentes escuelas, para tener más criterio en la decisión. También es importante elegir el formato adecuado. Las opciones *blended* (que combinan *online* y presencial) son una muy buena opción porque permiten tener más flexibilidad y distribuir el esfuerzo.

Solamente recomendaría hacer una inversión de este tipo en tres situaciones: 1) si hay una clara apuesta por tu desarrollo por parte de la empresa en la que trabajas. A ser posible que el compromiso incluya la financiación por tu empresa de parte del programa; 2) si has tomado la decisión firme de cambiar de empresa tras el programa; 3) estás desempleado y lo ves como una oportunidad real de mejorar tu empleabilidad.

QUINTO INGREDIENTE: Asistencia a eventos

La agenda profesional siempre es apretada y tiene sus entretenimientos favoritos: las reuniones, los comités, la preparación de informes... En la agenda profesional, y en la personal, hay que hacer también un hueco importante a la asistencia a eventos. Y cuando digo importante no me refiero a estar todo el día de evento en evento, sino que guardes tiempo para los eventos más importantes que te puedan ayudar a mejorar tu conocimiento profesional y a reforzar tu red de contactos.

Cuando dan las siete de la tarde y recuerdas que en media hora empieza ese evento interesante que tenías agendado, es posible que el cansancio y las ganas de volver a casa eviten que asistas al encuentro, que es una a oportunidad buena de aprender algo más y conocer o reencontrarte con personas interesantes. Lo digo con conocimiento de causa, porque esta semana misma he dejado de ir a un evento interesante por este motivo.

Eventos hay muchos, y tener tu propia selección y priorización en función del interés que tengan para tu actividad profesional y tu desarrollo futuro, es clave. En la figura 13, incluyo algunas ideas para que puedas diseñar tu estrategia de asistencia a eventos.

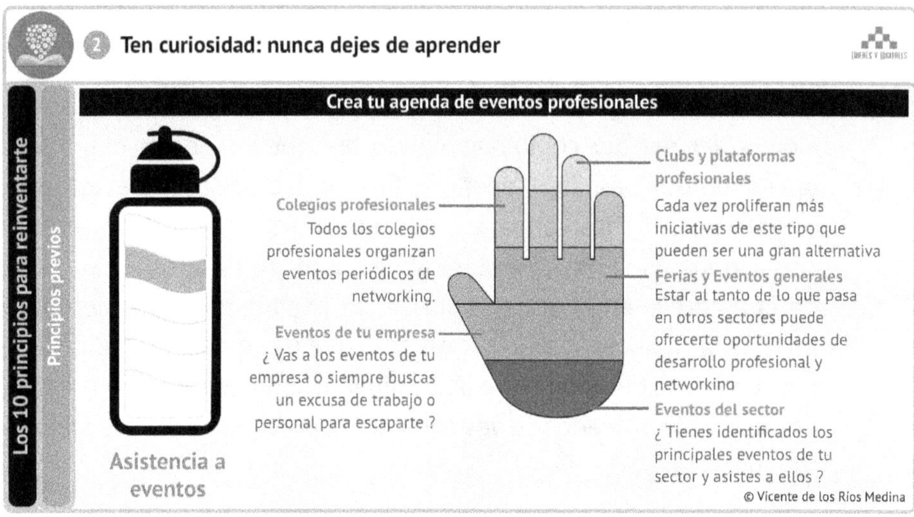

Figura 13 – Quinto ingrediente: Define a qué eventos profesionales debes ir.

SEXTO INGREDIENTE: Tu biblioteca de libros y películas

Para acabar este quinto capítulo, que como podéis ver se está extendiendo bastante, no podía dejar de mencionar **la lectura de libros.** Lo he dejado para el final porque muchas veces el descubrimiento de un gran libro viene como consecuencia de una recomendación de un curso, de un artículo interesante que has leído o por un consejo de un amigo o compañero. Mi consejo en el tema de los libros es que **vayas creando una buena biblioteca que incluya tanto libros de gestión como otros de otras disciplinas complementarias** (literatura, filosofía, ética, ensayos...). En lo que se refiere a libros de gestión deberías incluir tanto los que cubren competencias genéricas (liderazgo, finanzas, estrategia...) como los de competencias específicas del negocio o sector en el que trabajas. ¿Cuántos libros tienes de estos temas? ¿Cuánto hace que no lees un libro de éstos? ¿Cuánto hace que no te acabas un libro de gestión o de un tema "profundo"? La realidad es que la gran oferta de artículos a los que tenemos acceso gracias al entorno digital nos está modificando los hábitos de lectura y muchas veces se apuesta más por la lectura de artículos que por la lectura de un libro completo. Pienso que para profundizar en el conocimiento de algunas materias es muy importante leer libros porque permiten estructurar el conocimiento de una manera completa.

Como decía, también es importante leer libros de otro tipo de disciplinas más humanistas que puedan enriquecer nuestros conocimientos. A esa biblioteca también puedes sumar una **colección de videos o películas**, algo cada vez más fácil de hacer gracias a las plataformas digitales de video.

En la figura 14, puedes ver algunos de los libros y películas que te recomiendo para empezar a crear tu biblioteca profesional.

Figura 14 – Sexto ingrediente: Crea tu biblioteca de libros y películas profesionales.

Llegamos al final de este capítulo, que como puedes observar tiene mucha información y herramientas de apoyo. Me he extendido bastante, pero creía oportuno compartir contigo muchas de las herramientas que utilizo por si pueden ser de tu utilidad para crear tu estrategia de aprendizaje.

Y después de acabar con el segundo principio, vamos a por el tercero.

Capítulo 6

Tercer principio: La importancia de las relaciones humanas

"En el fondo son las relaciones con las personas lo que da sentido a la vida".

Karl Wilhelm Von Humboldt

Te puede sorprender que haya utilizado la palabra humanas para titular este capítulo. Efectivamente lo he hecho porque **siento que en el mundo profesional cada vez se les da menos espacio a los factores humanos**. Frecuentemente en el mundo profesional se evita la cercanía a los demás compañeros, colaboradores o jefes como un mecanismo de autodefensa por lo que pueda pasar en el futuro.

Si piensas cómo ha ido cambiando tu círculo de conocidos y personas con las que te relacionas a lo largo de tu vida, verás que en cada época has ido incorporando a tu círculo diferentes personas. Al mismo tiempo, cuando has pasado de una etapa a otra, algunas de las personas que eran protagonistas de la etapa anterior dejan de serlo por diferentes circunstancias. Cuando íbamos al colegio, la mayor parte de nuestros compañeros tenían un pensamiento similar al nuestro. La universidad nos introduce cambios importantes en nuestro círculo de amigos. Y qué decir del primer trabajo, donde muchas veces llegas como un auténtico alienígena a un equipo ya formado y te tienes que hacer un hueco en el mismo.

Las relaciones humanas condicionan en gran parte nuestra satisfacción en la vida profesional, los resultados que vamos a tener y nuestro desarrollo profesional futuro. Muchas veces no somos conscientes de hasta qué punto tu nivel de relaciones puede condicionar en positivo o negativo una decisión sobre una oportunidad laboral. En las decisiones sobre contrataciones externas o promociones internas los factores subjetivos tienen un elevado peso en el resultado final. Incluso, yo afirmaría que principalmente la decisión se basa en factores subjetivos. Al fin y al cabo, en el ser humano la subjetividad es un factor omnipresente en las decisiones que toma todos los días.

Ante esa tesitura, cobra más importancia el cómo gestionas las relaciones humanas en el entorno laboral. Me gustaría partir de una idea basada en mi propia filosofía de vida. **Siempre intento tratar a las personas como me gustaría que me tratasen a mí**. Sé que a veces fallo en esta intención, muchas veces por estrategia, porque no me doy cuenta de que a lo mejor otra persona tiene unas preferencias diferentes a las mías, y otras, simplemente por puro fallo en la ejecución. Es posible que esta forma de entender la vida, que viene de los valores que me inculcaron mis padres, y que mi mujer y yo hemos intentado transmitir a nuestros hijos, me lleve a dar una importancia muy grande a las relaciones humanas en mi vida profesional. Podríamos decir que estoy muy orientado a las relaciones personales (los amigos que estén leyendo estas líneas pueden dar fe de ello...).

Si os digo la verdad, siempre me ha costado entender cómo las personas tremendamente ambiciosas frecuentemente prefieren maltratar a los profesionales que les rodean, en vez de cuidar las relaciones, lo que en mi opinión les ofrecería a ellos mejores resultados a largo plazo, y les ahorraría a los que los sufren muchos disgustos y mala calidad de vida. Bueno, quizás es porque vivimos en un mundo demasiado centrado en el corto plazo, y algunos prefieren el "más vale pájaro en mano que ciento volando" como dice el refrán.

Si te hago la pregunta, ¿cómo cuidas las relaciones humanas en el trabajo? Es posible que me digas que bien. Aunque, es posible que también me digas: pero, ¿qué significa para ti cuidar las relaciones humanas en el trabajo? Interesante pregunta. Para mí el tema de las relaciones humanas en el trabajo tiene diferentes vertientes. Lógicamente tus relaciones son muy diferentes en función de que hablemos de las que tienes con tu jefe, con tu equipo si eres jefe, con compañeros de tu unidad o de otras unidades, con clientes o proveedores, o incluso con tus competidores. Todas son relaciones importantes que hay que cuidar porque pueden definir tu futuro profesional a corto, medio y largo plazo. En la figura 15 resumo las relaciones que debes cuidar en el entorno profesional, y que voy a desarrollar de manera individual en las siguientes páginas porque creo que presentan necesidades muy diferentes.

Figura 15 – Cuida las relaciones humanas en el trabajo.

- **Con tu jefe**: Estaremos todos de acuerdo, en que esta relación siempre existe salvo que seas autónomo (los autónomos tenemos la ventaja o inconveniente de no tenerlo). Digo inconveniente porque tener un buen jefe es uno de los mayores privilegios que puedes tener en lo que se refiere a tu desarrollo profesional. La relación con el jefe es muy importante y claramente condiciona tu futuro profesional. Muchas veces puede ser complicada porque al jefe le toca asumir unas responsabilidades y ejecutar decisiones con las que, incluso, puede no estar de acuerdo, y eso puede deteriorar la relación que tiene contigo. Pero tu jefe es, junto contigo, una de las personas que mejor te conoce. También la relación con él puede ser clave a la hora de buscar un nuevo horizonte profesional. Si eres un colaborador valioso, tu salida puede suponer para él un gran problema, y es posible que se resista a dejarte marchar. A veces con buenas artes, y en el caso de los malos jefes con malas artes, que pueden llegar hasta la descalificación (de todo hay en la viña del Señor).

  A mi entender, **la relación con tu jefe tiene que separar de manera muy clara lo profesional de lo personal**. Eso no quiere decir que no tengas buena relación con tu jefe, algo que siempre recomendaré, pero creo que hay que separar muy bien estos dos ámbitos. Si se mezclan demasiado, se puede acabar resintiendo la relación personal y el entorno profesional, ya que lógicamente hay veces que un jefe tiene que hacer efectivas decisiones que pueden no ser entendidas desde el punto de vista personal. Por experiencia, mezclar amistad y trabajo entre jefe y colaborador, puede acabar francamente mal. He vivido diferentes casos entre conocidos y se pueden generar situaciones muy incómodas. Un jefe puede llegar a tener que despedirte por motivos que no comparta y que no pongan en duda tu profesionalidad, por ejemplo por motivos organizativos, y eso no impide que sea a continuación el primero en trabajar para poder ayudarte a encontrar un nuevo trabajo. Bueno, realmente un buen jefe debería ser el primero que te ayude en los apuros como este, aunque desgraciadamente sea una práctica cada vez menos extendida, posiblemente por la falta de buenos líderes.

Uno de los temas que contamina más la relación personal entre jefe y colaborador es **cómo se eligen a los jefes en las empresas**. Muchas veces tu nuevo jefe ha sido tu compañero e incluso en su proceso de promoción tú pudiste ser una alternativa a él. Creo que las empresas deberían cambiar los criterios de promoción en la línea gerencial y **prohibir**, salvo excepciones mínimas muy justificadas, **que una persona sustituya a su jefe directo**. Sé que suena un poco extremo, pero para mí esta medida tiene muchas ventajas para todos: fomentaría la rotación entre áreas, lo que permite a los profesionales incrementar los conocimientos; se promocionaría gerencialmente a las personas en base a sus competencias de liderazgo y no por sus conocimientos técnicos (que es lo que muchas veces prima en los ascensos "en chimenea"); se evitarían tensiones entre compañeros candidatos que compiten por el puesto del jefe y condicionando la relación entre ellos tras la elección de uno de los dos; generaría en los profesionales una orientación al desarrollo y a salir de la zona de confort, y por último no condicionaría al equipo en el medio plazo, porque muchas veces el nuevo jefe sigue haciendo su trabajo hasta ser sustituido o aplica su visión primando al área en el que trabajó anteriormente. Aquí lo dejo por si algún valiente CEO o director de RRHH lo quiere poner en marcha.

Por lo tanto, la relación con el jefe es clave, hay que separar muy bien lo profesional y personal, y si la relación personal y profesional es buena, me parece que debe ser un pilar importante en tu desarrollo profesional. Yo quizás hablaría del término sintonía más que buena relación. Puedes tener una buena relación con tu jefe, pero no estar de acuerdo en la visión profesional. Mantener una buena relación personal y profesional con tus antiguos jefes es muy importante, y sobre todo olvidar los pequeños rifirrafes que se hayan podido tener en el pasado. Ser rencoroso o resentido por cosas menores solamente te genera úlceras o pérdida de energía, algo muy necesario para conseguir ser feliz. En la figura 16, te propongo una serie de preguntas para que analices cómo es la relación con tu jefe o antiguos jefes.

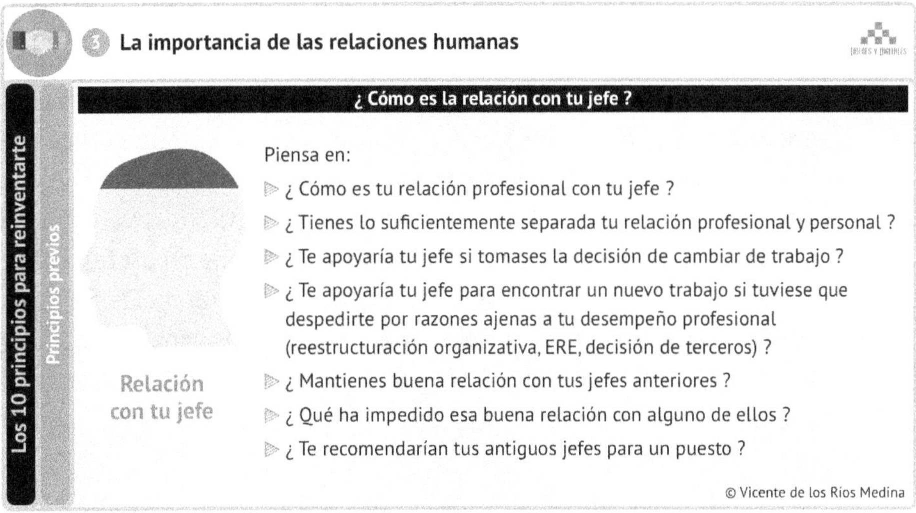

Figura 16 – Analiza la relación con tu jefe.

Soy consciente de que algunas de estas preguntas son difíciles de contestar, especialmente si intentas ser objetivo. Cuando digo objetivo, me refiero a eso, objetividad, no visión positiva. Que tengamos una buena relación personal con un antiguo jefe, no significa que te vaya a recomendar para otro trabajo. Pues **ya tienes aquí la primera tarea para realizar de este capítulo**.

- **Con tu equipo**: En este caso tocaría aplicar el punto anterior intercambiando los papeles. Pero aquí creo que la dificultad respecto a la relación con tu jefe es que en el equipo tienes más personas, y cada una puede entender de manera diferente lo que es una relación jefe-colaborador. Siempre digo que la obligación mínima de un jefe es conseguir con su liderazgo que un colaborador se vaya a casa al final del día con el mismo o mejor humor que el que traía por la mañana. Sé que es un reto, pero por lo menos no contribuyamos al desánimo del colaborador.

  La valoración de los colaboradores sobre tu papel de jefe y tu contribución profesional es clave para tu desarrollo profesional. Muchas veces una mala gestión como líder acaba siendo retransmitida al mundo exterior por los colaboradores que pueden amplificar de manera importante esos errores cometidos en la gestión.

  Para mí **la comunicación es clave en la relación jefe-colaborador** y en ese sentido, **muchas veces fallamos a la hora de comunicar las decisiones y explicar sus razones**. En este caso, creo que no nos damos cuenta de que, si no comunicas mucho y bien cuando las cosas van bien, es difícil que luego lo hagas cuando las cosas van mal. **La credibilidad es uno de los mayores activos que tiene un profesional**, y en el caso de un líder una de sus principales competencias. **Se tarda mucho en ganarla, y muy poco en perderla**. Si eres capaz de trabajar la comunicación en el día a día, cuando toque dar noticias malas y además si las razonas, tendrás mucho ganado en la receptividad por parte de los colaboradores.

  También es importante, como decía anteriormente, que como jefe puedas separar la relación profesional y personal con los colaboradores, para evitar problemas a futuro. Cuando eres jefe esto es todavía más importante porque si tienes una actitud muy diferente en la relación con las personas que forman tu equipo, es posible que se te pueda acusar de favoritismos. Sé que es complicado, pero toca trabajar estos temas.

  Aquí tocaría ponerse en los zapatos de los colaboradores y responder a preguntas como las que te hago en la figura 17.

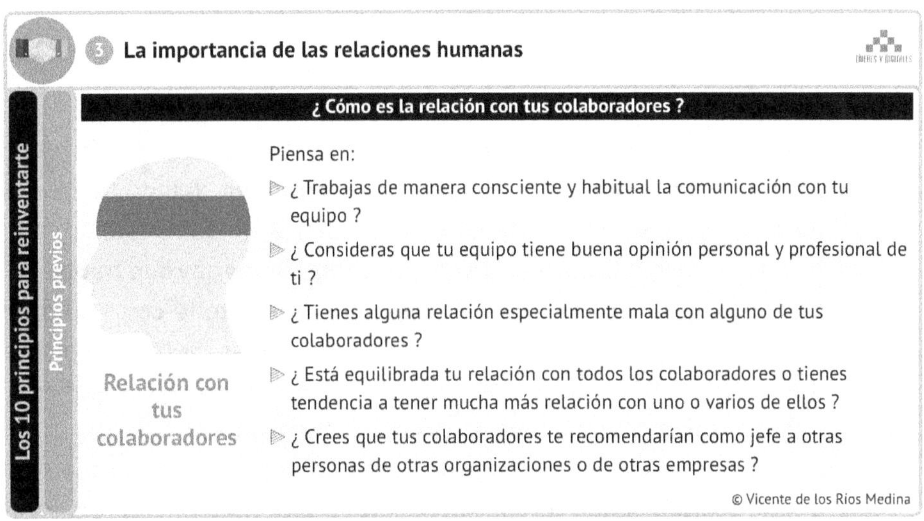

Figura 17 – Analiza la relación con tus colaboradores.

Tampoco estas son preguntas sencillas. Si no comunicas, hazlo (aquí más vale pasarse por exceso que por defecto, aunque puedas parecer cargante). Si tienes una mala relación personal con alguien de tu equipo, trabaja en cómo arreglarla o busca una salida de esa persona a otro equipo de manera que la solución sea buena para ambas partes. Si tienes predilección por alguien, equilibra tus relaciones. Y si crees que tus colaboradores no te recomendarían o no tienen buena opinión de ti, entiende por qué es y trabaja esos puntos de mejora en tu plan de desarrollo profesional dentro de la parte de "Debilidades".

Tus colaboradores deben ser una de las principales palancas de tu desarrollo profesional y claves en la difusión de una imagen profesional y personal positiva.

Por último, y esto también es una visión muy personal, creo que **la relación de un líder con un colaborador no acaba cuando deja de formar parte de su equipo.** Tú también eres muy importante en su desarrollo futuro, y creo que ese compromiso de apoyo, aquí ya más personal que profesional, debería mantenerse en el tiempo, eso sí, siempre bajo criterios profesionales objetivos.

- **Tus compañeros**: Otra relación clave en la gestión de las relaciones humanas. No son tu jefe, ni tu equipo, pero pasas gran parte de tu vida profesional con ellos y también pueden ser las personas que te recomienden en el futuro, y sobre todo, las personas que te dan el *feedback* de tu gestión profesional. Muchas veces están ahí, al lado tuyo, y no aprovechas lo suficiente el activo tan importante que suponen para tu vida profesional. **La relación con los compañeros hay que trabajarla, con dedicación, espíritu de colaboración y sobre todo con visión de largo plazo.** Las tensiones del día a día por temas de trabajo puede acabar contaminando las relaciones personales entre compañeros. Hay que saber medir muy bien las reacciones ante conflictos y saber ponerlas en perspectiva. Especialmente entender al otro y saber por qué su postura puede ser tan enconada, y si es realmente una decisión suya o una presión de sus jefes, lo que os lleva a esa situación tensa.

  A la oficina es posible que no vayas a hacer amigos, pero tampoco a crearte enemigos. Como decía un amigo "si te puedes llevar bien, ¿para qué llevarse mal?". Que la vida da muchas vueltas y nunca sabes en qué lugar del sándwich te puede tocar jugar la siguiente partida.

  Puedo decir que **he sido muy afortunado en mi vida profesional y que entre mis compañeros he conseguido gran parte de mis referentes profesionales y amigos personales.** Esto ha sido posible gracias a compartir tiempo juntos y compartir también éxitos y fracasos comunes, y saber entender muy bien el papel que jugábamos en cada momento y separar la relación personal en algunos conflictos, que estaban muchas veces basados en criterios de política empresarial más que en profesionales.

  En tus compañeros **puedes encontrar magníficos evaluadores de tus competencias que no están condicionados como lo pueden estar tus jefes y colaboradores.** Además, un día se pueden convertir en tu jefe o tus colaboradores. Y siempre son una buena referencia de cómo trabajas en equipo, algo que siempre demandan las personas que quieren incorporarte a sus equipos, especialmente en el caso de otras empresas.

  Por último, tus compañeros pueden ser tus socios en el futuro si decides emprender nuevos proyectos. Esto es como si fueses el seleccionador español de fútbol, que puedes decidir a quién convocar de entre todas las personas que conoces. Pues si decides emprender en el futuro seguro que muchos de tus compañeros y antiguos jefes y colaboradores estarían entre las personas que convocarías para ese proyecto. Tener un equipo de personas con las que sueñas poder trabajar a futuro, es un placer. Yo soy afortunado porque en esta nueva etapa laboral que he emprendido, cuento con muchas personas con las que colaboro en proyectos de educación o asesoramiento que eran parte de mis compañeros de viaje en el mundo profesional, y con los que ahora disfruto sin estar sujetos a las tensiones de comités, informes, contratos...

En la figura 18, te propongo una serie de preguntas para que evalúes la relación con tus compañeros.

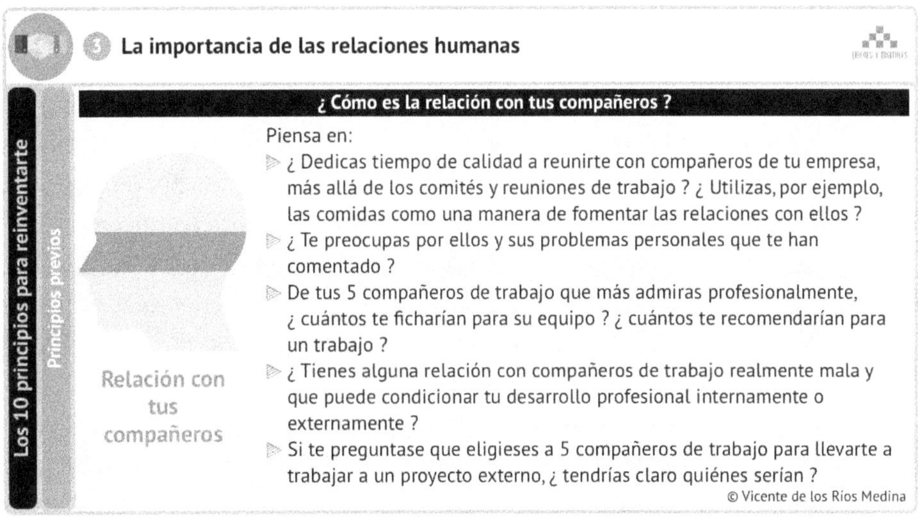

Figura 18 – Analiza la relación con tus compañeros de trabajo.

Es posible que nunca te hayas hecho muchas de estas preguntas de manera consciente, pero como ves los compañeros son una fuente importante de relaciones personales. La aportación que te pueden hacer tus compañeros, y tú a ellos, es clave y solamente será posible si dedicas tiempo de calidad a ellos, más allá del día a día del trabajo. El preocuparse por los otros, si tienen problemas que han querido compartir contigo, es muy valorado por ellos. Pasamos en la oficina más tiempo que en casa o durmiendo, y muchas veces no nos damos cuenta de la importancia que tienen esas relaciones en tu futuro. Por lo tanto, hay que cuidarlas y mucho. Ya sabes que gran parte de los problemas que hay en el mundo a todos los niveles, vienen por falta de comunicación, así que toca compartir más tiempo con tus colegas.

- **Tu ecosistema profesional externo**: No todas tus relaciones en el trabajo tienen que ver con tu jefe, colaboradores y compañeros. Existe también lo que podríamos denominar el **ecosistema profesional externo** que formarían **tus clientes, proveedores, competidores y profesionales que trabajan en tu sector o afines**. Muchas veces los profesionales prestan muy poca atención a este ecosistema externo que **tiene una gran riqueza en lo que se refiere a relaciones personales.**

  Este ecosistema externo está formado por agentes de diferentes características y que presentan una casuística variada en función del tipo de trabajo, sector o función en que trabajes. Por ejemplo, cuando trabajé en el mercado mayorista de tráfico internacional, la misma persona podía ser simultáneamente mi cliente, mi proveedor y mi competidor. Algo que puede parecer chocante para ti, me llevó a generar unas relaciones personales fantásticas que además nos llevaron a buenos acuerdos comerciales mayoristas con independencia de que compitiésemos. Muchas de estas relaciones las sigo manteniendo después de haber abandonado este negocio hace casi 15 años. Lógicamente cuando trabajas en el segmento de particulares, es mucho más difícil generar una relación con tus clientes, que pueden llegar a ser millones, o con tus competidores, donde la lucha comercial y las limitaciones jurídicas para evitar situaciones contrarias a la competencia en un sector, pueden ser frenos a la relación.

  Pero como digo, el ecosistema externo es muy rico y tienes que trabajarlo muy bien, porque realmente es el que te puede dar más oportunidades a futuro si tienes que reinventarte. En la figura 19 te presento algunas preguntas que pueden ayudarte a valorar cómo estás en este apartado.

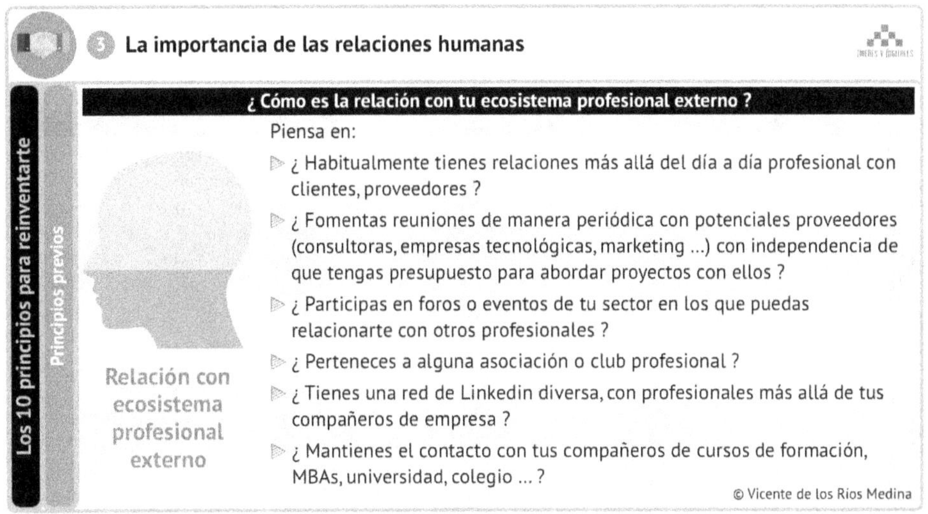

Figura 19 – Preguntas para analizar las relaciones con tu ecosistema profesional externo.

Muchas de estas preguntas te habrán hecho pensar que puede que no estés aprovechando muchas oportunidades de generar grandes relaciones personales con otros profesionales con los que compartes parte de tu vida profesional.

Algunas veces estas relaciones comienzan a partir de intereses comunes (por ejemplo, el deporte o la comida unen mucho...), otras veces tienes que poner bastante más de tu parte y definir un método para trabajar estas relaciones. Y, sobre todo, tienes que ser constante en trabajar las relaciones con tu ecosistema profesional externo. Hay muchas cosas que te puedes plantear para hacerlo. En la figura 20, he intentado mostrarte algunas de las ideas que utilizo habitualmente en mi vida profesional por si pudiesen valerte para empezar a definir tu dinámica de trabajo de este ecosistema.

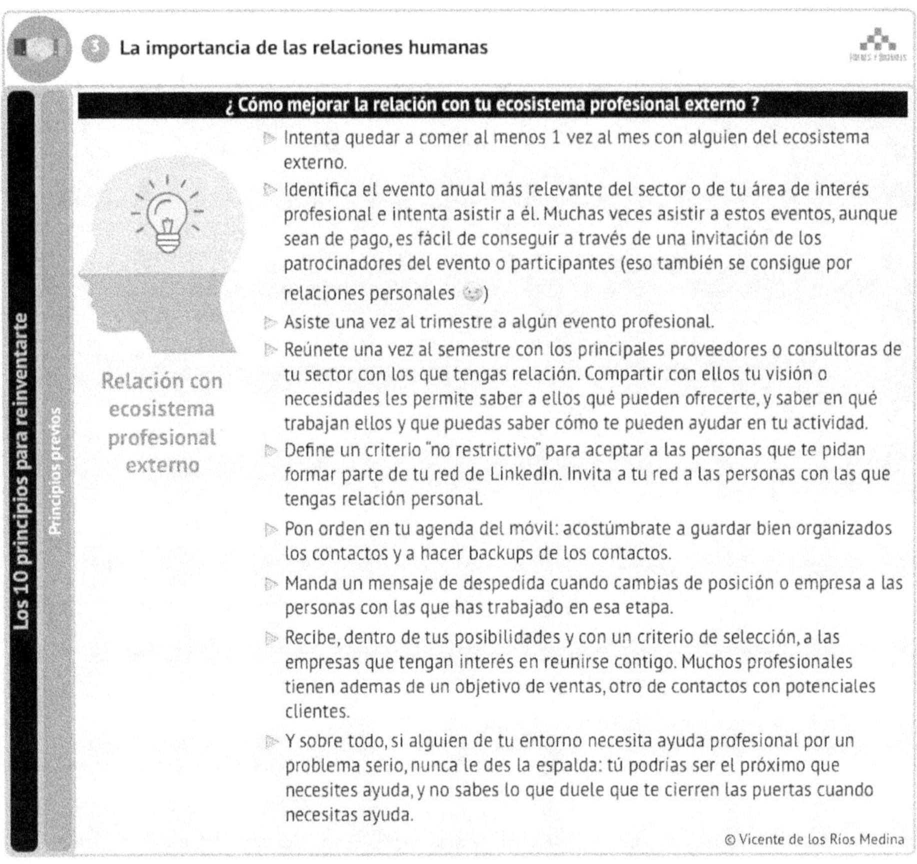

Figura 20 – Ideas para mejorar las relaciones con tu ecosistema laboral externo.

Como ves, se pueden hacer muchas cosas muy sencillas para poder fomentar las relaciones humanas con los profesionales que forman tu ecosistema profesional exterior. Si no lo haces, ya sabes por dónde empezar.

Recuerdo que, en la homilía de mi boda, el sacerdote nos recomendó a mi mujer y a mí que en un matrimonio era muy importante tener una buena agenda de teléfonos con amigos para que nos ayudasen en los problemas que pudiesen surgir a lo largo del mismo. Muy buen consejo el que nos dio don Manuel González ese día en el que todavía no teníamos móviles...

Las relaciones personales que he construido a lo largo de mi carrera profesional son para mí, uno de mis mayores activos profesionales y personales. Preocuparse por construirlas y cuidarlas, debe ser una prioridad máxima de un profesional.

Capítulo 7

Cuarto principio: Sé persona, no personaje

"Cuando el hombre se mira mucho a sí mismo, llega a no saber cuál es su cara y cuál es su careta".

Pío Baroja

Voy a empezar este capítulo con una anécdota que me pasó al poco de abandonar Telefónica. Me apunté al Mobile Commerce Congress, que organiza eCommerce News en Madrid. Como llevaba poco tiempo fuera de Telefónica y todavía no tenía claro qué camino seguiría, al registrarme para asistir a un evento si me preguntaban por mi empresa, no sabía qué poner. Experto, autónomo o asesor eran algunas de las profesiones que ponía. No le daba más importancia al tema. Cuando llegó el día del evento, me acerqué a la mesa de las acreditaciones y la persona que organizaba el evento, a la que conocía, me preguntó mecánicamente la empresa a la que pertenecía. Y con toda sinceridad le dije: "pues no sé qué puse en el registro" y me contestó "es que todas las tarjetas están organizadas por el nombre de la empresa". Después de un rato buscando por los términos más socorridos, acabó escribiendo mi nombre a mano en una tarjeta en blanco y ya estaba registrado.

Como ves, **el mundo está organizado sobre la premisa de que una persona trabaja en una empresa u organismo y ocupa un puesto en esa organización**. Si no tienes empresa que te ampare, es más difícil explicar quién eres. Todavía recuerdo, en los primeros meses de mi nueva vida profesional, lo difícil que se le hacía a mi mujer explicar a qué se dedicaba su marido y las caras de póquer que ponían muchos amigos cuando les empezaba a contar mis primeras andanzas.

Efectivamente, en nuestra vida profesional, todos representamos en mayor o menor medida a un personaje. Es ley de vida. El político en la oposición ejerce su papel de despotricar sobre lo que hace el gobernante hasta que le toca cambiar de papel y gobernar, y entonces "donde dije digo, digo Diego" porque le toca cambiar de personaje. Ese personaje que nos toca representar está formado por diferentes aspectos: los valores que defiende nuestra empresa, nuestra responsabilidad, el nivel del cargo, la función que realizamos...

Todo define a nuestro personaje, ¿alguno habéis tenido un *controller* tipo madre Teresa? Tendrá que hacer de duro y exigente que es lo que corresponde en la función. Si trabajas en una empresa muy competitiva y agresiva, algo de esa agresividad se te acabará pegando. Si en tu empresa hay un código de vestimenta muy estricto y elitista, acabarás vistiendo como los estudiantes de Eton. Es parte del juego de participar en el mundo corporativo o funcionarial. Y muchas veces es muy difícil tener personalidad suficiente para que el personaje no se coma a la persona que llevas dentro.

Si a eso unimos una rotación profesional baja, pasando mucho tiempo en la misma función o cargo, el problema se agrava porque literalmente "echas raíces en el puesto". Y claro, si encima ese cargo tiene además un sueldo elevado, un gran despacho, una secretaria que se desvive por solucionarte la vida, cientos de colaboradores a tu cargo que nunca le ponen un pero a tus errores, viajes en *business*, personas que se pegan por reunirse contigo o invitarte al fútbol o a comer... es difícil no *personajizarse* y dejar de "tener los pies en la tierra". **El ser humano se acostumbra muy rápidamente a lo bueno, pero le cuesta mucho más acostumbrarse a perderlo**.

Desgraciadamente, todos nos hemos cruzado en nuestra vida profesional con algunas personas en principio normales, muy majas, que se han ido convirtiendo en auténticos personajes a medida que han promocionado en sus empresas: despreciando a sus amigos que les necesitaban, perdiendo sus valores, amargando la vida a sus equipos en pos de conseguir un objetivo inalcanzable que deje inmaculada su imagen de gestor de éxito, cometiendo auténticas tropelías sólo con el fin de poder seguir interpretando su personaje durante al menos un minuto más. Personas que lo han dejado de ser a medida que iban perdiendo contacto con la realidad. Como comentaba el profesor Christensen en el artículo *How will you measure your life* que te mencionaba en el capítulo 4, muchos de sus alumnos han acabado con estos comportamientos arruinando sus vidas, las de sus colaboradores y las de sus familias.

Pero, ¿cómo se llega a esto? Pues como muchas cosas en la vida, tacita a tacita. Se empieza cogiéndole el gusto a los derechos de un puesto, priorizándolos sobre las obligaciones, que poco a poco se van olvidando y cuando te quieres dar cuenta, ya se ha convertido uno en un personaje en el que no se reconoce a la persona que lo interpreta.

Muchas veces esta reacción es fruto de la inseguridad. Te quedarías sorprendido cuántos de estos personajes tiránicos están forjados a partir de una inseguridad y debilidad tremendas. Ante esa tesitura, prefieren huir hacia adelante con un comportamiento agresivo y seguir a velocidad de crucero mientras la autoridad lo permita.

Es posible que, llegados a este punto, puedas pensar que me he puesto bastante duro con este tema. Es verdad, lo he hecho, pero es que **no hay nada que me duela más que ver cómo una persona ejerce mal el poder que le concede un puesto, y en vez de cumplir con sus responsabilidades y servir a los demás y a su empresa desde esa posición privilegiada, lo utiliza en beneficio propio y dando mal ejemplo**. En la vida, todo se aprende por el ejemplo, que no olvidemos puede ser bueno o malo. Piensa qué fácil es que tus hijos aprendan de un pequeño mal ejemplo tuyo (por ejemplo decir un taco) y lo que cuesta que aprendan de uno de los buenos (por ejemplo, decir siempre un gracias).

Pero bueno, vamos a bajar el tono de la conversación y vamos a volver a hablar del resto de seres humanos que también podemos estar tentados de ser personajes sin caer en la maldad. Como decía, **todos acabamos en mayor o menor medida representando un personaje en nuestra vida profesional**. ¿No te han acusado alguna vez de defender a tu empresa como si la fueses a heredar? ¿No has sido más de una vez más papista que el Papa defendiendo un procedimiento establecido? ¿Y qué me dices de esa defensa numantina del trozo de pastel que le toca a tu unidad del presupuesto de gastos o inversión? La propia definición del perfil de tu puesto ya es en sí una primera definición de tu personaje, al que tú le das tu toque personal, dentro del contexto en el que se ejerce tu responsabilidad.

El principal problema que puede provocar esa representación de tu personaje es que te acabe llevando a una situación fuera de la realidad. A creerte algo que no eres, o a asumir que algo que tienes derecho a disfrutar en usufructo por tu puesto, es parte de tu patrimonio. Esto es un gran hándicap en tu desarrollo profesional porque puede ser perjudicial en dos escenarios de cambio: que sea un lastre que no te permita asumir otros retos o que en caso de pérdida del puesto, te deje un vacío inmenso. Aunque realmente el mayor lastre es que vives una vida que no es la tuya.

¿Cuántas personas conoces que se arrastran por una empresa por no renunciar al estatus o a los beneficios de su puesto? ¿Y cuántas conoces que a pesar de haber abandonado un puesto o una empresa se niegan a asumir la realidad y mantienen un discurso ambiguo que hace parecer que mantiene su posición del pasado? Saber viajar ligero de equipaje en el mundo profesional es importante.

¿Cómo saber separar persona y personaje? Tema delicado. Creo que la mejor manera de poder hacerlo es intentando modelar tu personaje con una parte importante de tus valores personales. Esto implica muchas cosas, empezando por los puestos que debes asumir o no. ¿Aceptarías trabajar en una posición o en un puesto de trabajo que supusiese una renuncia a tus valores? Esta pregunta, que parece fácil de responder *a priori*, no lo es tanto cuanto llega el momento de decir sí o no a una oferta de trabajo jugosa o a una promoción importante. Muchas veces pensamos, "bueno puede tener algún inconveniente, pero yo soy capaz de cambiar esto para que se adapte a mis valores". Es muy fácil engañarse en estos casos y luego es difícil ser capaz de cambiar la situación.

En general, los profesionales que saben separar bien ambos papeles tienen como base una gran capacidad de liderazgo, tanto técnico como gerencial. Han sabido adaptar su personaje a su persona, y posiblemente gran parte de su éxito profesional venga de ahí. Si lo piensas, estas personas han llegado a esta situación por cumplir muchos de los otros 4 principios previos, han sido capaces de liderar su desarrollo, han hecho del aprendizaje una fuente de crecimiento que los forja y complementa su personalidad, han generado importantes relaciones humanas a través de su liderazgo y finalmente, como veremos en el capítulo 8, su liderazgo ha desarrollado un gran espíritu de servicio.

Hay muchas preguntas que te puedes hacer si quieres saber hasta qué punto te has convertido en un personaje. En la figura 21 te sugiero varias preguntas que te puedes hacer para ver si en tu caso vas bien encaminado en no dejar que el personaje esconda a la persona.

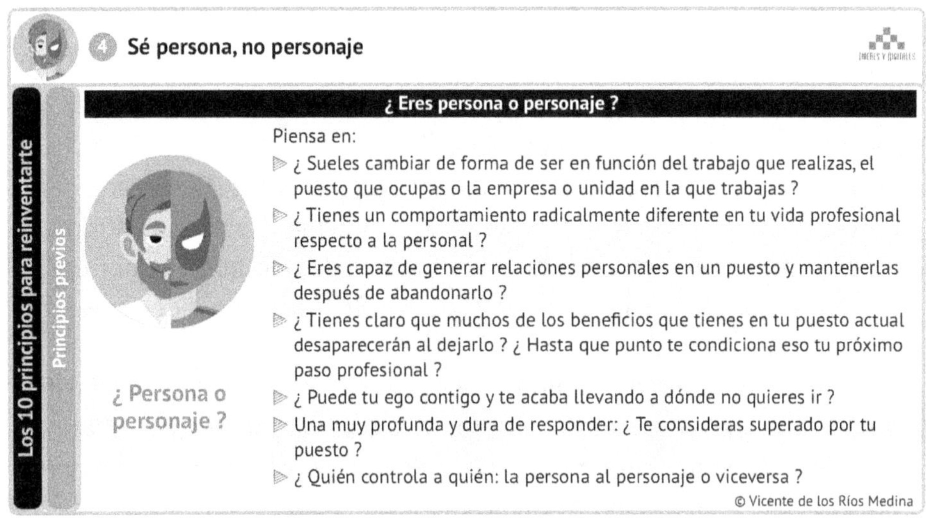

Figura 21 – ¿Eres persona o personaje?

Creo que las preguntas que te tienes que hacer en este caso son difíciles de contestar y te llevan a una gran reflexión personal sobre tu situación actual. La penúltima puede resumir muy bien las anteriores, si el puesto te supera, tu personalidad desaparece porque intentarás adaptarte como sea al puesto. Esto acabará generando un desequilibrio que te llevará a sobreactuar, a relacionarte de manera difícil con otros profesionales, a protegerte en el cargo o función (muchas veces no hay que ser jefe, para convertirte en un auténtico personaje) e incluso a deteriorar el clima familiar y de pareja.

Es cierto que todos conocemos algún caso de un profesional que se ha creado un personaje que le permita conseguir su objetivo profesional y a veces tiene éxito en ese objetivo. El falso buen colega que luego está totalmente vacío de valores, pero acaba llegando a ese puesto directivo que siempre anheló. El falso superexperto, al que no le puedes sacar de su discurso ensayado, pero que a veces consigue engañar a un cliente o a su nuevo empleador y progresar manteniendo esa ambigüedad o mentira. La pregunta que me hago yo es, ¿a qué precio han conseguido ese objetivo?

Muchas veces no somos conscientes de la importancia del equilibrio y la armonía en la vida profesional. Equilibrio o armonía pueden sonar ñoño en el entorno profesional, pero para mí, son dos conceptos vitales y el gran activo que debe tener un profesional o un equipo. Saber cómo adaptarte a un puesto o empresa y el integrarte con armonía a un equipo es fundamental. Además, el equilibrio personal y el profesional se refuerzan mutuamente y un desequilibrio en una de las dos parcelas hace que el equilibrio de la otra se acabe resintiendo o incluso perdiendo.

Si cuando has respondido a la pregunta de si te sientes superado por tu puesto, crees que estás superado, tienes un problema y es hora de afrontarlo. Muchas veces es más importante una retirada a tiempo, que una derrota segura con las consecuencias que ello conlleva. Si es así, ya puedes empezar a trabajar en construir tu nuevo futuro.

Lo decía a lo largo del capítulo, tus valores son los que te van a facilitar ese equilibrio y por eso es tan importante que puedas mantenerlos a lo largo del tiempo. No hay cosa más gratificante que poder salir de una empresa en la que has permanecido muchos años y pensar que en esa empresa has podido mantener esos valores. **En esto puedo decir que he sido y soy un gran afortunado en mi vida profesional**.

Capítulo 8

Quinto principio: Cultiva el espíritu de servicio

"El que no vive para servir, no sirve para vivir".
Madre Teresa de Calcuta

Pues hemos llegado al último de los "principios previos": el espíritu de servicio. ¡Qué importante es el servicio a los demás! Bueno, diremos mejor ¡Qué importante es servir a los demás! Porque una cosa es hablar y otra actuar. Vivimos en una época donde lo que se dice y lo que se hace no siempre van de la mano, y en este caso es muy importante.

¿Tienes espíritu de servicio a los demás y lo pones en práctica?

¡Empezamos con fuerza, ¿eh?! Otra de esas preguntas que te hace pensar mucho. En mi vida profesional y personal me he cruzado con muchas personas dotadas de un espíritu de servicio descomunal. Personas que siempre se preocupan por hacerles la vida más fácil a los que les rodean. Personas que siempre quieres tener a tu lado, no solamente por el apoyo que te ofrecen a cambio de nada, sino también por el gran ambiente que generan alrededor suyo. Sería injusto si mencionase a una o varias de ellas porque me olvidaría de muchos de esos héroes cotidianos (según escribo esto en el AVE volviendo de Málaga a Madrid cada vez que pienso en una de ellas, me salen más y más ejemplos). Es posible que muchos de ellos, estén leyendo este párrafo, justo por su espíritu de servicio, tanto por amistad como por ayudar en la labor de recaudar dinero para Cáritas. Pues si eres uno de esos héroes del espíritu de servicio, ¡GRACIAS y ENHORABUENA!

A muchos os puede parecer exagerado llamar a estas personas héroes cotidianos, pero creo que es justo. Estas personas son las que con su ejemplo hacen que otras personas reflexionen sobre la importancia de practicar el espíritu de servicio. A veces intentamos creer que los héroes son personas que tienen que hacer cosas prodigiosas una vez, pero también son héroes las personas que son capaces de mantener un comportamiento positivo para la sociedad a lo largo del tiempo.

Aunque decía que no iba a mencionar a ninguno de esos héroes, en plena revisión del libro he decidido que no me puedo resistir a hablar de uno de ellos. Ayer estuve en la despedida por prejubilación de José Antonio Pocino, compañero de mis comienzos en Telefónica. He estado en muchas despedidas y nunca había visto mayor consenso sobre el espíritu de servicio y bondad profesional y personal. Una gran suerte contar con personas como José Antonio: profesional, comprometido, generoso, educado, respetuoso a la hora de defender sus ideas y siempre apoyando a todos con independencia de que sean el nuevo becario o el director general. ¡Gracias José Antonio por tu ejemplo!

En el mundo profesional, muchas veces hay un concepto muy mal entendido del espíritu de servicio y especialmente por dos razones: la primera es que hay que servir a los tuyos o a los que son como tú, y la segunda es que solo serviré a las personas que luego me puedan "servir" a mí (la verdad es que el doble sentido de servir en esta segunda razón ha quedado muy oportuno...).

Servir nunca se puede entender en un sentido limitado. Se sirve o no se sirve, pero no se puede tener un espíritu de servicio discrecional. Muchas veces en mi vida profesional y personal, las personas que más me han ayudado eran justo las que más necesitaban ayuda. Eso ha hecho que valore todavía más ese espíritu de servicio.

Entender el espíritu de servicio como algo biunívoco, donde la persona a la que ayudas te tiene que ayudar por narices después, es un gran error, si tú sirves a la sociedad, la sociedad te devolverá después esa ayuda sin que sepas de quién vendrá la misma.

Muchos de nosotros somos realmente afortunados por lo que tenemos y es nuestra obligación ofrecer esa ayuda al que lo necesita. Cuando tú tienes un problema, ¿a que te gusta que te ayuden? Pues de eso va el tema, de pensar en los demás y cultivar ese espíritu de servicio, especialmente a los que más lo necesiten. Haces una gran labor social y además una gran inversión porque extender el ejemplo de servicio hará que tengas más oportunidades de recibir ayuda de otros si un día lo necesitas haciendo que cunda ese ejemplo.

La duda que te puede surgir es cómo o en qué ayudar. En la figura 22 te doy unas cuantas ideas para poder ponerlo en práctica.

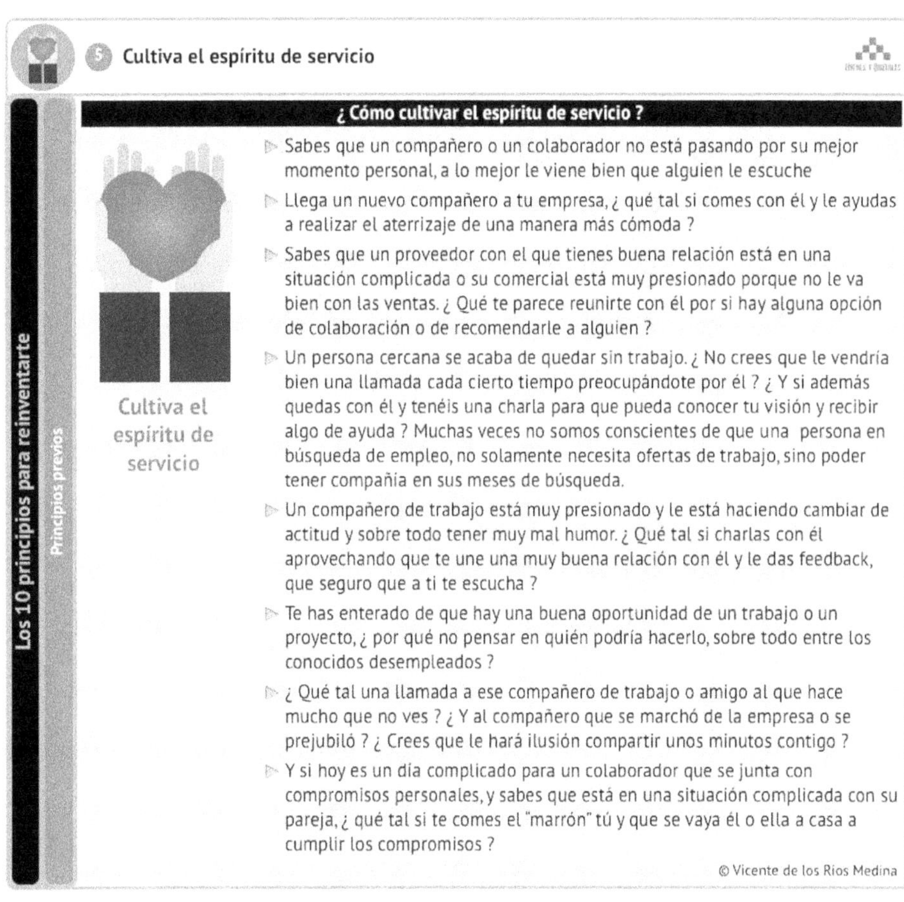

Figura 22 – Ideas para cultivar el espíritu de servicio.

Pueden parecer tareas muy sencillas, pero te puedo prometer que pocos tienen la constancia de hacerlas de manera periódica. Esto es un tema de disciplina y ponerse a ello. Por ejemplo, aprovechar para hacer algunas de estas llamadas cuando vas paseando de una reunión a otra, es un buen hábito que practico y me permite poder llamar a las personas que lo pueden necesitar.

Pues entonces toca ponerse manos a la obra y te propongo que te hagas tu lista de actividades para poner en marcha esta capacidad. Para empezar, piensa en esa persona que sabes que lo está pasando mal y queda con él para ofrecerle tu ayuda.

Pienso que todos tenemos la obligación de devolver a la sociedad parte de lo que hemos recibido. El espíritu de servicio a los demás es una manera de poder cumplir con esta obligación que tenemos por formar parte de una sociedad.

En la web del libro os he dejado un fichero Excel con el que podéis trabajar vuestro propio plan de preparación para la reinvención en base a las herramientas que incluyo en los 5 primeros puntos. Espero que os sea de utilidad. Lo podéis descargar aquí:

www.elmisteriodereinventarse.com/10principios

Capítulo 9

Tengo un problema: ¡Me tengo que reinventar!

"Cambia el clima con los años.
Cambia el pastor su rebaño.
Y así como todo cambia.
Que yo cambie no es extraño...".
Todo cambia de Mercedes Sosa. Letra de Julio Numhauser

Y mientras estás trabajando sin parar y viendo los días pasar uno tras otro, llega algo inesperado, **toca abandonar tu empresa o el trabajo que estabas realizando**.

Desgraciadamente, esto le pasa a muchas personas cada día y la primera reacción puede ser de incredulidad: "**¿Cómo me ha podido pasar esto a mí?**".

Efectivamente, muchas veces no estamos preparados para este tipo de noticias. Pensamos que, de alguna manera, tenemos cierto control de nuestra vida profesional, y que, aunque no podamos tener garantías plenas sobre nuestro futuro, podemos intuir tanto lo bueno como lo malo que nos puede pasar en el corto plazo.

Frecuentemente les digo a mis alumnos que cuando hablamos de entornos cambiantes, tenemos que tener en cuenta tanto nuestro entorno cercano como lo que podríamos llamar entorno extendido. En el caso de una empresa, ese entorno extendido incluye lo que le pueda pasar a sus clientes o proveedores o incluso a los clientes de sus clientes. En nuestro caso, el entorno extendido podría ser el origen de un cambio o decisión que acabase en nuestro despido o salida de una empresa o proyecto. Hay múltiples motivos que pueden tener como consecuencia que tú tengas que abandonar esa empresa, y muchas veces no eres causante de ese motivo, aunque finalmente estés afectado directamente por sus consecuencias.

Claramente ese momento es un punto de inflexión y supone un duro trance para muchas personas. Enfrentarse a un cambio tan grande e importante, muchas veces no deseado, ni comprendido, ni compartido, pone a una persona en una situación de gran incertidumbre.

Nadie encaja bien una noticia de este tipo. La búsqueda de un culpable de esta decisión se puede convertir en una reacción muy natural. Esta reacción permite canalizar parte de esa energía negativa que florece en un momento tan tenso. Muchas veces encontrar al culpable puede ser una forma de liberar la tensión, aunque a menudo solamente se convierte en una distracción que no permite poner foco en lo más importante: encontrar una solución a la situación.

Es humano identificar al causante del problema, aunque sea mucho más importante encontrar las razones que han llevado a esa decisión. Pero para mí, lo más importante es asumir el tema y que ahora te toca actuar a ti. Siempre habrá un tiempo de duelo en el que pese más el resentimiento que la energía para ponerse en marcha a encontrar una solución.

Es muy difícil ser objetivo en ese momento, especialmente si la noticia te ha pillado por sorpresa y con las defensas bajas. La sensación de ser perseguido o de ser responsable suelen ser reacciones muy frecuentes.

Es posible que tu reacción a esta situación, una vez pasada la fase de sorpresa, dependa mucho de cómo te hayas preparado con anterioridad. Por eso dedico más de la mitad de este libro a trabajar la situación antes de que te pueda surgir ese contratiempo. Creo que el principal fallo que tenemos en la gestión de estos conflictos está en que no tenemos un entrenamiento previo para lo que pueda pasar. Además, esta preparación no solamente no perjudica el ejercicio de nuestra actividad profesional, sino que además la enriquece.

Por lo tanto, la manera en que afrontas este reto tiene mucho que ver con cómo has trabajado antes los 5 principios previos. Si los has trabajado bien, más allá de la sorpresa del cambio, puedes ver en este contratiempo una gran oportunidad.

Personalmente, cuando tuve que dejar Telefónica después de 25 años, con independencia de que fuese algo inesperado para todos, vi este hecho como **una oportunidad de futuro, más que una amenaza.** Es posible que mi carácter de optimista incorregible tuviese que ver mucho con esta reacción, pero en ningún momento tuve la sensación de vértigo que muchas personas sienten en el momento que tienen que liderar un proceso de este tipo.

El día que abandoné Telefónica, el 30 de septiembre de 2015, por la plaza oeste del distrito Telefónica tuve la sensación de que me iba a una nueva aventura profesional ilusionante, de la que en ese momento no sabía qué me iba a deparar, pero con **la sensación excitante de la búsqueda de un nuevo puesto de becario** en otro entorno profesional.

A esa sensación acompañaba, **una gratitud a todas las personas, colaboradores, compañeros, jefes, clientes y proveedores que me habían hecho disfrutar de esos 25 años de desarrollo profesional y personal**, y que habían hecho de mí un ejecutivo y persona con capacidad para poder desenvolverse con fiabilidad en el entorno cambiante al que me iba a tener que enfrentar. He sido muy afortunado en esos 25 años. Y lo sigo siendo porque sigo recibiendo el cariño de muchas de esas personas que me siguen apoyando en la nueva aventura en la que me he embarcado.

Además de esa sensación de gratitud, **me fui con la sensación del deber cumplido.** Y cuando digo del deber cumplido, me refiero a muchas cosas: cumplir con mis obligaciones profesionales con el máximo compromiso hasta el último día; poder mantener mis valores personales desde el primer al último día en la compañía; haber sido siempre transparente en mis opiniones de lo que era mejor para la compañía y no haberme callado nunca (aunque eso pudiese a veces perjudicarme por huir de lo políticamente correcto); haber intentado tratar a todas las personas con justicia y apoyarlas en lo que podía desde mi posición. Esto no quiere decir que no cometiese errores, que tuve muchos en 25 años, y de los que intenté sacar los mayores aprendizajes, pero siempre busqué lo mejor para la globalidad del equipo y de Telefónica.

Esta fue mi reacción, y asumo que las circunstancias de cada uno hacen que esta experiencia de salida sea totalmente personal y única. Si puedo dar un consejo a las personas que después de leer este libro pasen por esta experiencia, les diría que intenten salir lo mejor posible de su empresa, siendo magnánimos y sobre todo dignos. A veces es difícil salir sin rencor, y muchas veces ese rencor acaba jugando en tu contra. Especialmente porque a partir de ese momento, lo que tienes que hacer es trabajar para tu próxima aventura, y **el rencor no va a contribuir en tu avance**, sino que te va a robar energía muy valiosa que necesitas para construir tu futuro.

No sé cómo ha sido tu caso, si has pasado por ello. No sé si ha sido justo o injusto, si te lo esperabas o no, si podrías haber actuado mejor, o haber sido menos ingenuo o no haber confiado en ciertas personas... Ahora da igual, **toca ponerse en marcha y vamos a ver cómo podemos trabajar para que tengas ese futuro que te mereces**.

Capítulo 10

¿Cómo empezar a reinventarme?

"La mayoría de las personas gastan más tiempo y energías en hablar de los problemas que en afrontarlos".

Henry Ford

Una vez pasado el *shock* inicial toca ponerse en marcha. Pero, ¿cómo me pongo en marcha? Para mí **lo primero es hacer un análisis sensato de la situación**. En función de cómo hayan sido las condiciones de salida, tanto económicamente (indemnizado o no y su cuantía), laboralmente (posibles incompatibilidades laborales futuras, derecho a paro...) y de tu propia situación personal (ingresos, compromisos familiares a corto, medio y largo plazo, edades de los hijos en el caso de tenerlos, limitaciones familiares...), las opciones que se abren son muchas.

A partir de mi propia experiencia considero que en los primeros momentos tenemos que empezar a trabajar en 5 ámbitos como muestro en la figura 22.

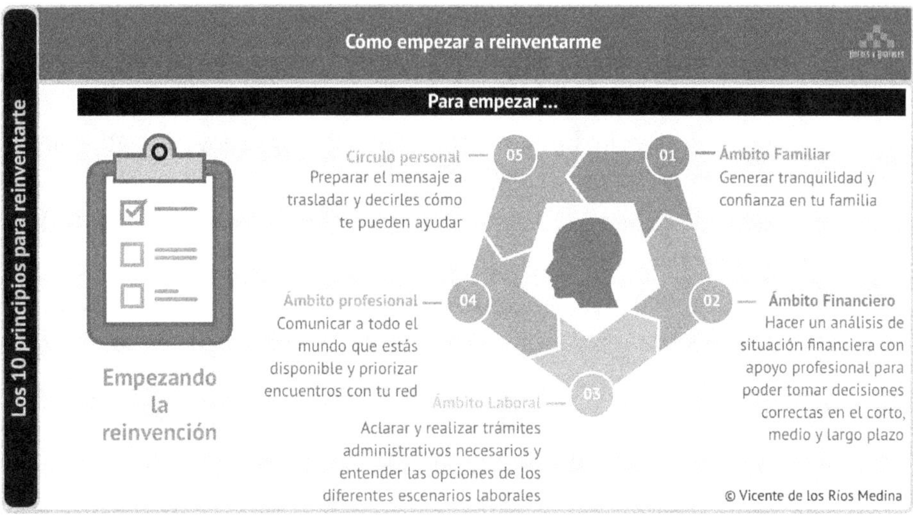

Figura 23 – 5 ámbitos de trabajo para empezar a reinventarte.

- <u>**Ámbito familiar**</u>: En este ámbito lo más importante es **generar tranquilidad y confianza en tu familia.** Si estás casado y tienes hijos, saber comunicar y trasladar la información necesaria para que todos los miembros de la familia entiendan la nueva situación y sean conscientes de ella. Sin alarmismos, pero con un mensaje personalizado a cada uno de ellos que les haga entender cómo ha cambiado tu vida y que vas a empezar una nueva etapa profesional en la que necesitarás su ayuda de una manera u otra.

  Es **muy importante la comunicación con tu pareja** y que ambos seáis **conscientes y compartáis muchas de las decisiones que vas a tomar** a raíz de esta nueva etapa. En mi caso, la implicación de mi mujer en estas primeras decisiones fue muy importante, porque le permitió entender mejor la situación y le generó confianza en el futuro. Creo que **compartir esta tarea con mi mujer fue uno de los mayores aciertos en mi proceso de reinvención,** que no hubiese sido posible sin su confianza ciega en los pasos que iba a ir acometiendo. Esto me dio una seguridad muy grande que me ayudó mucho.

  También es importante **comunicar adecuadamente al resto de tu entorno familiar el cambio,** especialmente a los padres, que, aunque nos hayamos hecho mayores, siempre viven en continua tensión por cómo les va a sus hijos. A veces, no nos damos cuenta de que ellos pueden ser uno de los que más sufren el contratiempo.

  Dentro del ámbito familiar, también hay que saber transmitir que el hecho de que al no tener trabajo empieces a pasar más tiempo en casa, no significa que te acabes convirtiendo en el recadero familiar. Está bien que eches una mano adicional a la que ya echabas antes, especialmente si hay mucha carga familiar, pero tiene que quedarle claro a todos, que **tu principal objetivo en este momento es reinventar tu vida profesional.**

  Sé de muchas personas que sufren mucho por tener que transmitir de una manera u otra a su entorno más cercano, que, sin ser familiar, es cotidiano, como el portero de la casa o la persona que trabaja en casa, que ya no tiene trabajo. Estos tragos amargos para muchos son parte del coste de la aventura de reinventarse.

- Ámbito Financiero: Lógicamente **lo primero que se va a resentir en el caso de que pierdas tu trabajo son tus ingresos e incluso parte de tus costes** que anteriormente pagaba tu empresa. La pérdida del sueldo mensual, junto con sus pagas extras y bonos, en el caso que los tuvieses, trastoca totalmente los flujos económicos de la familia. Además, algunos de los servicios más importantes de la familia también podrían estar subvencionados total o parcialmente por la empresa: seguro médico, seguro de vida, seguridad social, coche, formación, equipamiento informático... Para acabar de rematar el tema, **en el caso de recibir una indemnización por despido**, y máxime si es elevada porque has pasado muchos años en tu antigua empresa, **no todas las personas están acostumbradas a gestionar eficazmente una cantidad importante de dinero**, que excede las necesidades de corto plazo de la familia.

  Para mí, este es **el momento de recurrir a un profesional** que te pueda ayudar a realizar un análisis profundo de tu nueva situación financiera y de cómo las decisiones que tomes en este momento te pueden condicionar mucho en tu futuro. Parece mentira, pero cuando has pasado muchos años cobrando una nómina un día fijo del mes, unas pagas extras en invierno y verano, y disfrutar de unos servicios que te paga tu empresa, empezar de cero con un calendario en blanco, es difícil de gestionar.

  También considero **muy importante que este tema lo trabajes con tu pareja** porque muchas decisiones en este campo tienen que estar totalmente consensuadas y además hablar de muchos de estos temas eliminará en tu pareja incertidumbre sobre el futuro. La unión de la pareja y la confianza mutua en este proceso es uno de los mayores activos con los que puedes contar.

  Cuando abandonamos una empresa o cambiamos de modelo laboral, hay que tomar muchas decisiones delicadas que posiblemente nunca nos hemos planteado. Temas como las cotizaciones a la Seguridad Social, que muchas veces solamente eran una línea más de nuestra nómina mensual, se acaban convirtiendo en decisiones importantes. Lo que cotices o no, la figura que adoptes si quieres empezar como autónomo (por ejemplo, si capitalizas el paro o no y en qué formato), las restricciones que puedes tener si te has desvinculado con un convenio especial de tu antigua empresa, son algunos de los temas que pueden suponer la primera decisión importante.

Y te digo por experiencia que en estos casos vas a necesitar ayuda de buenos expertos e información de personas que han pasado por lo mismo.

Otro de los temas importantes es: ¿y ahora cuánto gano? ¿Lo que me paga la Seguridad Social por el paro? ¿Lo que ingreso si empiezo a trabajar como autónomo? Como se dice "cada maestrillo tiene su librillo" y en esta etapa hablar con muchas personas que te transmitan su experiencia, puede ayudarte a ir tomando tus propias decisiones.

En mi caso, pensé que la mejor opción era asignarme un sueldo mensual de mis ahorros, mediante una transferencia en un día del mes, e incorporar los ingresos que fuese generando a mis ahorros. De este modo, lo que hice fue intentar crear una cierta regularidad de la operativa financiera de la familia, con independencia de la evolución laboral.

En este sentido es importante tener en cuenta que **la reinvención necesita de alguna manera una inversión económica**, y ese factor es muy crítico. Invertir en formación o equipamiento informático, que ya no subvenciona tu empresa, supone en muchos casos una importante suma de dinero, que es necesaria para ponerse en marcha. Los ahorros acumulados más la posible indemnización que recibas de tu empresa, permiten o no en mayor o menor medida tu reinvención. A menor disponibilidad de caja familiar, y/o mayores gastos familiares más presión en el corto plazo de encontrar un nuevo trabajo, y por lo tanto una mayor limitación en poder reinventar tu vida profesional en profundidad. No nos podemos engañar, pero el tema financiero es clave, aunque también existen casos, que **una excesiva protección de la posición financiera, incluso desahogada, puede ser un freno para la reinvención**.

Otro tema importante en el campo financiero es lo relativo a los **seguros de vida o médicos en la familia**. Muchas veces, el seguro de vida que te cubre es el que paga tu empresa. Es muy importante analizar bien este asunto porque es posible que te sea más rentable continuar con el mismo, asumiendo tú su coste, a tener que contratar uno nuevo o lo que puede ser peor, quedarte sin él y asumir un riesgo en un momento que tienes una importante desprotección económica. Esta es una de las primeras decisiones que tienes que tomar porque si renuncias a él, en el caso de tenerlo, es posible que luego ya no puedas recuperarlo y que según la edad que tengas y tu condición física, tengas problemas para contratar uno nuevo o las condiciones sean sustancialmente diferentes (importe de la póliza, coberturas e importe cubierto...). El seguro médico es otro tema también importante, y más si además cubría a tu familia.

- **Ámbito Laboral**: Una de las primeras tareas cuando abandonas una empresa o proyecto es **poner orden en todas las gestiones asociadas al cierre de la relación laboral con tu anterior empresa**: liquidación cierre y/o indemnización (si te corresponde) y correspondiente pago de impuestos, Seguridad Social, incorporación al paro (si tienes derecho a él)... Estos asuntos van a suponer una **gran cantidad de tiempo y adentrarse en un mundo en el que es posible que tengas poca experiencia**. Mucha burocracia, pero a la vez una experiencia muy enriquecedora porque te va a dar una visión muy diferente de la vida. En mi caso, me hizo ver lo afortunado que había sido hasta ese momento por no tener que enfrentarme de manera reiterada a este proceso. Conocí personas que me hicieron ver un mundo que para mí era totalmente ajeno. También me aportó información para poder tener criterio en temas tan debatidos sobre los subsidios de desempleo, la formación e información ofrecida al desempleado, la actitud de los distintos tipos de desempleados...

  En este tema, al igual que en el tema financiero, es muy importante el asesoramiento. Rodearse de profesionales y de personas que hayan pasado antes por esto, es clave. Y cuanto antes lo hagas (incluso antes de abandonar tu empresa), menos riesgos asumes.

- **Ámbito profesional**: Comunicar a tu entorno profesional tu salida y la búsqueda de un nuevo reto profesional es lógicamente una actividad crítica del comienzo de tu nueva vida. Es posible que, en este punto, pongas más énfasis en intentar explicar las razones de tu salida, que realmente poner foco en tu futuro. Es humano.

Lo primero que hay que tener claro es que hay que **comunicar que se está disponible para asumir un nuevo trabajo en otra empresa**. Esto puede parecer algo obvio, pero a veces por vergüenza o temor al qué dirán, se lleva esta situación demasiado en secreto. Creo que es un error. No te puedes imaginar la cantidad de veces que he oído la frase:

"Anda, si hubiese sabido que fulanito buscaba trabajo... pues ya han cogido a alguien y fulanito es mucho mejor".

Así que a comunicar de manera abierta que se está disponible, sin cerrarse puertas. También es muy importante en esta primera fase hacerte una lista de las personas de tu red profesional con las que tienes que reunirte o les tienes que escribir en tu búsqueda de trabajo. Es importante en este tema que **realices un trabajo organizado y analítico**, definiendo por escrito las personas y una priorización de ellas y el formato óptimo del contacto. Aquí hay que ser muy racional y sensato para ser efectivo y también para no llevarse decepciones. Este tema es francamente delicado. Te advierto de que **te vas a llevar grandes decepciones, pero también grandes sorpresas positivas**. En el fondo, ambos casos son noticias positivas. En la vida lo mejor es siempre saber a qué atenerse, y si pensabas que una persona te iba a apoyar y cuando lo necesitas no lo hace, es casi mejor saberlo.

Además de hacer tu lista de contactos profesionales priorizados, es también aconsejable que lleves una lista escrita de los contactos que has hecho y de las gestiones realizadas. Te sorprenderá esto, pero es una época de hacer y recibir tantas llamadas, consejos, *e-mails*, tomar cafés y comer con personas, que llega un momento en que ya no recuerdas si has hablado con alguien y si has quedado en algo con esa persona. **La organización en el proceso de reinvención es clave.**

Aunque parezca que le doy mucha importancia a este tema, piensa que se estima que **solamente el 20-30 % de las posiciones se publican a través de LinkedIn o *headhunters***, por lo que cómo trabajas tu red profesional es una actividad crítica. Piensa además que a lo largo del tiempo en el que desarrolles toda esta actividad de *networking* enfocado a encontrar el nuevo camino profesional de tu vida, irás depurando tu discurso y absorbiendo experiencias y consejos, de modo que poco a poco irás construyendo una visión muy diferente de la que podías tener del mundo externo y de tu "yo producto" que la que podías tener cuando trabajabas para tu última empresa.

- **Círculo personal**: Tus amigos seguro que se han dado cuenta de que tienen que jugar un papel en tu nuevo reto, pero muchas veces no saben cómo ayudar. Tenemos que ser conscientes de que muchas veces nuestros amigos participan de una manera reducida en nuestra vida profesional y no saben incluso describirte profesionalmente o explicar a qué te dedicas exactamente.

  Hay una diferencia muy importante entre tu círculo profesional y tu círculo personal. Tu red de contactos profesionales tiene que conocer tu situación y posiblemente te puedan ayudar en la dirección de tu búsqueda, recomendarte y asesorarte profesionalmente. Entre ellos, muchos quedarán contigo y te ayudarán sinceramente, otros te escucharán, e incluso algunos ni se prestarán a escucharte. Si hablamos en términos de *marketing*, tu círculo profesional es un *funnel* tan amplio como haya sido tu capacidad de generar relaciones profesionales, con un ratio de conversión más bien bajo, que aumentará de acuerdo a la calidad de tu red profesional y de tu valor en el mercado (que incluye tu capacidad y la profesionalidad que hayas demostrado con ellos en el pasado). Sin embargo, tu círculo personal es un *funnel* mucho más estrecho en su comienzo con un ratio de conversión mayor, porque su principal objetivo no es ayudarte a encontrar un trabajo, sino apoyarte a pasar de la mejor manera todo el proceso. Aunque a veces tu oportunidad puede surgir de una presentación dentro de tu círculo de amigos.

  En este caso, es muy importante que sepas cómo pedir ayuda a tu círculo de amigos, qué mensaje tienen que trasladar, cómo te pueden ayudar y también ir dándoles *feedback* de cómo vas porque por experiencia, los amigos muchas veces sufren mucho en tu proceso de reinvención, especialmente porque no saben cómo pueden ayudarte más.

Sin duda esta es una prueba de fuego para que tus amigos te demuestren realmente su calidad. Te vas a llevar sorpresas, tanto en positivo, como en negativo, y debes agradecer de corazón todo ese apoyo que vas a recibir.

Como ves, el trabajo que hay que hacer para ponerse en marcha es muy amplio y diverso. Cada ámbito tiene su tiempo, su intensidad, su preparación y su priorización. La carga inicial es muy importante y como comentaba anteriormente este es un viaje que te irá haciendo modular tu visión del reto que tienes por delante, depurar y adaptar tu discurso, e incluso variar el objetivo que persigues en él. En mi caso fue así, empecé a buscar mi nueva vida profesional con el objetivo de ser responsable de Transformación Digital de una gran empresa y el camino me ha llevado a apostar de manera decidida y por propio convencimiento por una vida profesional nómada de asesor de empresas, profesor y conferenciante, en la que soy francamente feliz.

Para acabar este punto, quiero introducir un tema que me parece clave en este proceso, y es **fijarse un objetivo**. Todos entendemos que en un proceso tan importante como este, el objetivo final es encontrar un nuevo puesto de trabajo o proyecto profesional que se adapte a nuestras capacidades y a nuestras necesidades. Este objetivo es en muchos casos muy ambicioso y como es lógico, necesita muchas semanas e incluso meses para conseguirse. Trabajar con un objetivo tan ambicioso, a veces hace caer en el desánimo en los días en que las cosas se ponen complicadas. Mi consejo para esto es que tienes que tener **un segundo objetivo que te permita mantener el ánimo**. Formarse, participar en una iniciativa solidaria, hacer deporte, volver a recuperar relaciones perdidas… pueden ser alternativas para complementar la actividad de la búsqueda del nuevo reto profesional. Como digo, **hay que conseguir pasar cada día animado y con visión optimista**, y no podemos poner toda la responsabilidad de nuestro ánimo diario en acabar el día habiendo conseguido cumplir ese objetivo final. Pasar cada uno de los días con ánimo y optimismo, debe ser ese segundo objetivo y ahí nuestra familia, círculo de amigos y círculo profesional tienen mucha responsabilidad en hacernos navegar de manera positiva hacia el puerto final: **encontrar ese nuevo trabajo o proyecto**.

Pero claro, al ponerse en marcha te van a surgir una serie de incógnitas que te van a condicionar los resultados de tu aventura. En los siguientes capítulos voy a intentar explicar los 5 principios posteriores que creo que tienes que abordar una vez que te has puesto en marcha y que puedes ver a continuación en la figura 24.

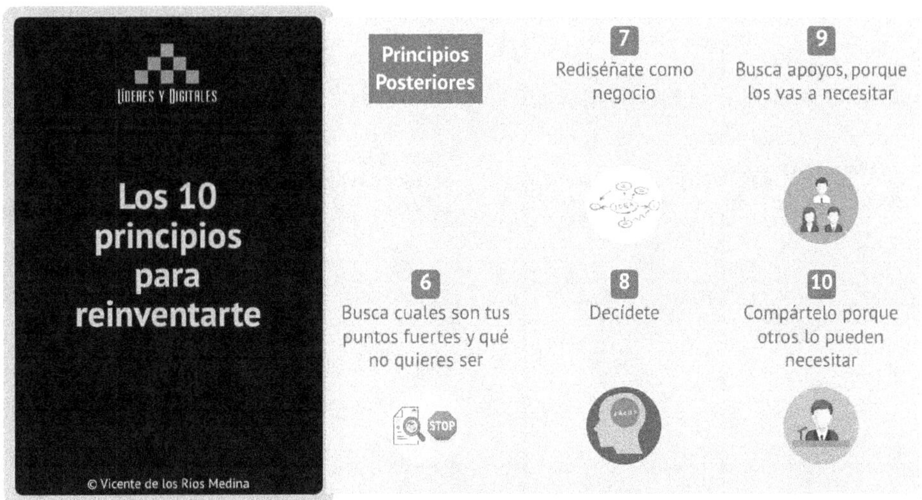

Figura 24 – Principios posteriores que tienes que trabajar una vez que te tienes que reinventar.

Para reinventarte necesitas saber quién eres ahora con tus **puntos fuertes** en la nueva situación, y sobre todo **qué no quieres ser o hacer**. La presión por encontrar un nuevo proyecto te puede llevar a cometer errores si no tienes claros ambos temas. Por el contrario, al ser un etapa de dudas e incertidumbre, muchas veces la **toma de decisiones** se complica y es un handicap. Esta es una época donde todo apoyo es poco, y muchas veces tendrás que **buscar apoyos** para poder tener éxito en tu reinvención. El último principio, **compartir tu experiencia**, para mí es fundamental, Creo que con ello ayudas a otros que estén pasando por la misma situación o lo vayan a hacer, y además te ayuda a ti mismo a mejorar tu proceso de reinvención.

Vamos a ver primero cómo identificar tus puntos fuertes actuales.

Capítulo 11

Sexto principio: Busca cuáles son tus puntos fuertes ahora, y qué no quieres ser

"Nuestra fuerza surge de nuestra debilidad".

Ralph Waldo Emerson

Bueno pues ya te has puesto en marcha empezando a trabajar los 5 ámbitos que comentábamos en el capítulo anterior y la primera duda que te surgirá es:

"¿Cómo me vendo ahora para encontrar un nuevo trabajo?".

Muchas personas piensan que en su nueva vida profesional tienen que jugar el mismo papel y hacer las mismas cosas que hicieron en sus puestos anteriores, porque fue lo que les hizo triunfar en ellos. Esa puede ser una de las principales causas de fracaso en un proceso de reinvención o evolución.

En mis clases y conferencias cuando hablo de transformación digital de personas y empresas y de procesos de reinvención (al fin y al cabo, la transformación digital de una empresa es un caso de reinvención), siempre proyecto una escena[11] de la película ***Birdman*** dirigida por Alejandro González Iñárritu en 2014 y que obtuvo el Óscar 2015 a la mejor película. En esa escena el protagonista, interpretado por Michael Keaton, es un actor que ha tenido mucho éxito interpretando al superhéroe Birdman y tras caer en el olvido intenta volver a ser relevante interpretando una obra de teatro en Broadway.

11 *Birdman* - Alejandro González Iñárritu - Escena "Relevant" https://youtu.be/GTxh6DHhyzM.

En un momento de la película, discute con su hija, interpretada por Emma Stone. Ella le da su visión sobre cómo está afrontando su reinvención, y básicamente le transmite que no se puede volver relevante haciendo lo mismo de siempre. Os recomiendo que veáis el video de la escena (por cierto, con una gran interpretación de Michael Keaton y sobre todo de Emma Stone, que se llevó el Óscar a la mejor actriz principal por la actuación en la película).

Hay que entender qué hay que hacer para volver a ser **relevante** y que alguien apueste por ti.

Uno de los puntos más importantes que hace que fallen muchas personas, es no hacer un análisis profundo de cuáles son sus puntos fuertes en la nueva situación. Es posible que, en tu puesto anterior, el contexto de tu empresa hiciese que destacases por encima de todos, por ejemplo, por una carencia de tus compañeros en una competencia. Algunas personas se han beneficiado porque sus compañeros no hablaban idiomas y ellos sí, o porque dominaban la informática mucho mejor que otros. Esto no significaba que ellos realmente tuviesen un nivel excelente en dicha competencia. Es lo que conocemos como "en el país de los ciegos, el tuerto es el rey".

Por el mismo motivo, también es posible que, por ejemplo, si trabajabas en una empresa tecnológica, tu nivel tecnológico fuese menor que la media de la empresa, y sin embargo fuera de ese entorno, tus conocimientos tecnológicos sean muy superiores a la media del mercado.

Por lo tanto, es necesario hacer un profundo análisis de tus competencias, y esto lleva cierto tiempo, y sobre todo contacto con diferentes personas y entornos que te sirvan de contraste.

Para ello, **tocará volver a revisar y actualizar tu DAFO profesional** y ver cómo ha cambiado con la nueva situación. Como comentaba en el capítulo 4, realizar tu DAFO cuando trabajas en una empresa y no ves ningún cambio en tu vida profesional en el corto plazo, puede ser francamente complejo porque el contexto en el que lo tienes que plantear es francamente amplio. Desgraciadamente, cuando tienes que reinventarte por obligación, muchas de las incógnitas que podías tener en el momento de preparar tu DAFO, se han despejado y, sobre todo, el sentido de urgencia te ayuda a realizar un análisis más profundo y detallado.

Como decía anteriormente, en este momento de búsqueda de nuevas oportunidades, vas a recibir un auténtico aluvión de *feedback* sobre tus capacidades.

Charlas informales, entrevistas con *headhunters*, potenciales empleadores y compañeros, experiencias de otras personas... van a darte muchísima información que te va a ayudar a ir depurando tu DAFO y adecuándolo a la realidad.

Pero **¿cómo defino mis puntos fuertes ahora?** Sinceramente no es una tarea sencilla, especialmente porque no se puede entender como una tarea estática con un resultado exacto, sino que es más un proceso iterativo que se realimenta permanentemente con el *feedback* que vas recibiendo sobre tu perfil, los perfiles profesionales y competencias más demandadas, el resultado de entrevistas o por la información que vas adquiriendo de la valoración de competencias.

Creo que lo mejor es preparar tu CV y a partir de la primera versión de este, ir construyendo tu DAFO profesional. Mediante iteraciones en las que vas introduciendo las opiniones que vas obteniendo de las personas con las que conversas en tu búsqueda de trabajo, puedes ir mejorando tanto tu DAFO como tu CV.

Elegir un buen formato de CV es también clave porque su estructura te permite poner en valor tus puntos fuertes y posiblemente cubrir parte de tus debilidades. En mi caso, **le tengo que agradecer mucho a Puri Paniagua**, una gran *headhunter* y persona, que me recibió y me dio un magnífico *feedback* sobre mi CV y sobre cómo plantear mi búsqueda. Encontrar personas generosas como Puri es muy gratificante. También le tengo que agradecer a **José Alises** sus sabios consejos, muy valiosos y acertados en estos momentos.

Hablando de *headhunters*, creo que es muy conveniente que leas el libro ***Qué busca el headhunter: Lo que saben los cazatalentos y cómo emplearlo a tu favor***[12] de **Arancha Ruiz Bachs**. Es un libro que te aporta conocimiento sobre la visión del trabajo de un *headhunter*, y en el que Arancha, que es *headhunter* y una magnífica profesional, da muchas de las claves del proceso al que te vas a enfrentar. Tener claro cuál es el papel que juega el *headhunter*, quién es su cliente (la empresa, no el candidato), cómo se encarga y se gestiona un proceso... son aspectos claves en tu aventura de búsqueda.

De mi proceso inicial de búsqueda debo afirmar que fui bastante afortunado por la atención que tuve por parte de muchos de los principales *head-*

12 *Qué busca el headhunter: Lo que saben los cazatalentos y cómo emplearlo a tu favor* - Arancha Ruiz Bachs - Editorial Conecta – 2016.

hunters. Tengo que reconocer que es una profesión mucho más complicada de lo que se puede pensar *a priori*, y que la mayor parte de las veces están totalmente condicionadas por las arbitrariedades y caprichos de sus clientes. Sinceramente creo que el proceso de búsqueda de candidatos para un puesto de trabajo a través de *headhunters* es muy mejorable, y en este caso el que más tiene que cambiar es el cliente, esto es, la empresa que busca, que deja la mayor parte de las veces al *headhunter* en situaciones muy comprometidas con profesionales por mala educación de directivos, que no se ponen nunca en la piel de la persona que opta al puesto, especialmente si no tiene trabajo.

Volviendo al tema de encontrar tus puntos fuertes creo que puedes empezar a trabajar con una serie de preguntas como las que incorporo en la figura 25.

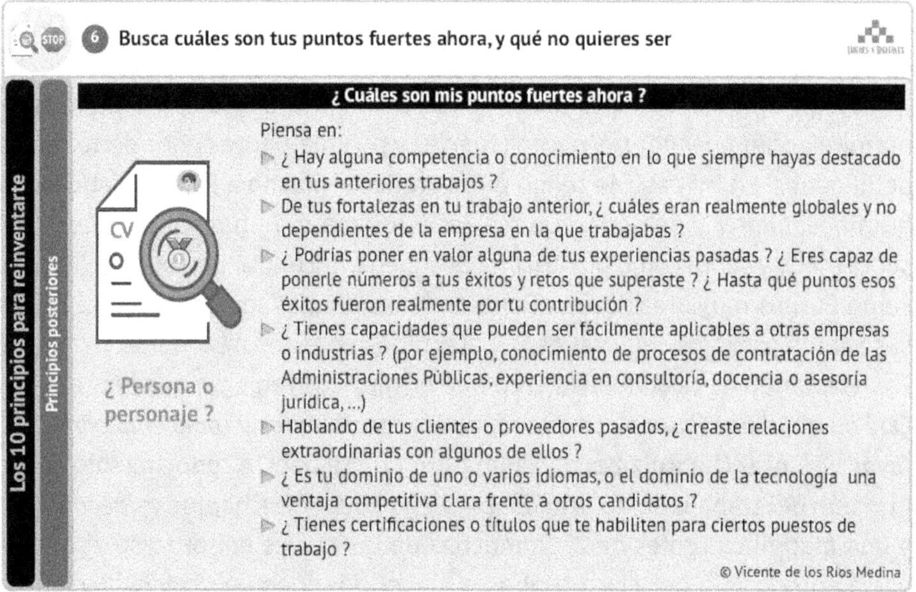

Figura 25 – ¿Cuáles son mis puntos fuertes ahora?

Es importante que este análisis lo hagas por escrito porque, si vas conservando las diferentes versiones de tus respuestas, y de tu CV, verás cómo va evolucionando tu discurso sobre tu producto.

Como comentaba en otro capítulo, en esta época de reinvención es tan grande el número de reuniones, llamadas y mensajes que mantienes que es muy aconsejable que vayas guardando información y la fecha de las más importantes y de los puntos de acción porque llega un momento en que es interesante poderlas consultar para no dejar pasar alguna oportunidad o no quemar algún contacto por incumplir algún compromiso adquirido.

Te habrá sorprendido que incluya en este principio **"qué no quieres hacer"**. En los procesos de reinvención es muy importante definir las **líneas rojas** en tu búsqueda de empleo. Para algunas personas este punto puede parecer un poco frívolo. De ningún modo, es totalmente muy honesto. Si no vas a querer trabajar para una empresa o aceptar un puesto de trabajo o cambiar de ciudad, es mucho mejor no echar el CV para ese puesto o acordar una entrevista. Tu imagen es muy importante en este proceso, y hacer perder el tiempo al *headhunter*, entrevistador y a ti mismo, además de no tener sentido, puede penalizarte. Eso podría frenar otras ofertas a futuro de esas personas, e incluso una mala referencia a terceros.

Además, engañarse a sí mismo puede ser contraproducente porque tres meses después de aceptar un puesto o salario que no cubre tus expectativas, puedes pensar, ¿qué estoy haciendo yo aquí? La ansiedad por el cambio puede llevarte a una situación totalmente negativa.

Otro elemento peligroso en estos casos es el ego y el rencor. Muchas veces se puede aceptar un puesto por puro ego por mantener un estatus, o incluso rencor hacia tu anterior empresa como manera de demostrar que no tenían razón. Esas decisiones tomadas más con el corazón ardiendo más que con cabeza fría pueden ser a la larga muy malas para tu desarrollo profesional.

A continuación, en la figura 26 te indico algunas preguntas que te debes hacer para poder tener más claro "qué no quiero hacer en el futuro".

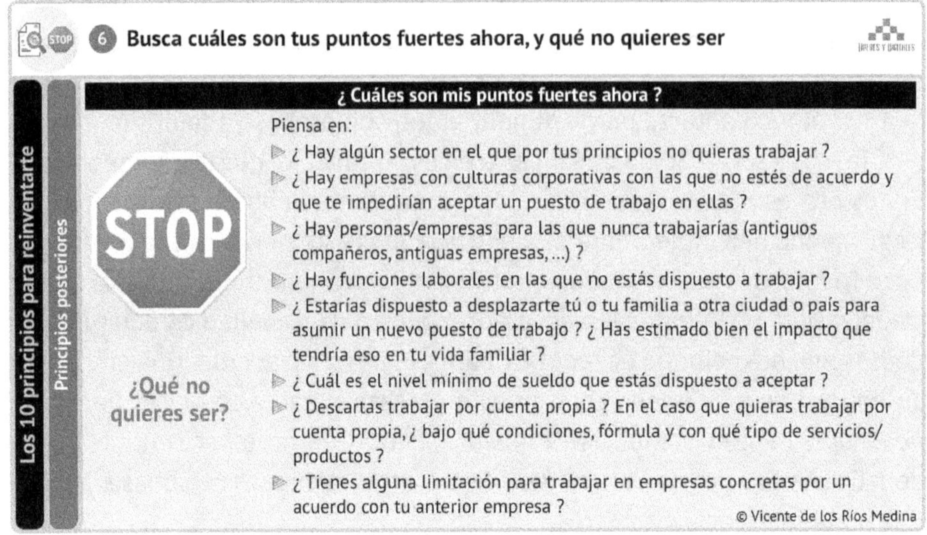

Figura 26 – ¿Cómo saber qué no quieres ser?

Si tienes claro ya cuáles son tus puntos fuertes ahora y qué no quieres ser, toca preparar una buena comunicación sobre el producto que vas a vender. Esta tarea también es delicada porque cada oferta es un mundo y cada interlocutor es diferente. Preparar diferentes CV o cartas de presentación en función del sector al que te diriges o el puesto al que pretendes optar es importante. Personalizar mucho la comunicación puede ser bueno, pero también supone un esfuerzo en actualización del CV importante y una necesidad de tener controlada la información periódicamente.

También es importante saber elegir bien a qué puestos optar y a qué personas dirigirte (*headhunters*, compañeros, empresas...). En función de cómo sean tus puntos fuertes, donde no quieras trabajar y qué mensaje quieres transmitir, tienes que hacer una buena selección de a dónde dirigirte para buscar trabajo. Seguramente varios amigos te hayan ofrecido una lista actualizada de *headhunters* a los que contactar. Es importante que hagas una segmentación de ellos adaptada a tu caso, a partir de una investigación de sus especialidades y de personas cercanas que te puedan informar.

LinkedIn va a ser también una herramienta importante en este proceso. Tanto por permitir mostrarte en su escaparate a través de tu perfil, como por la facilidad que te ofrece para encontrar información de personas, empresas, y sobre todo, por la cantidad de puestos de trabajo que se ofrecen a través de su plataforma de empleo.

Creo que es importante en esta situación darte de alta en la opción *premium* (unos 27 euros mensuales en 2018) por las funcionalidades adicionales que puedes tener frente a la versión gratuita. Opciones como poder guardar búsquedas específicas de puestos de trabajo, utilizar de manera ilimitada el perfil anónimo en las consultas, analítica avanzada (aunque para mí LinkedIn ha reducido de manera incomprensible gran parte de ella tras su compra por Microsoft), el número de mensajes privados que puedes mandar a personas fuera de tu red son algunas de las funciones a las que puedes optar gracias a la versión *premium*.

Realizar un curso de LinkedIn con un experto que, además de ayudarte a crear tu perfil en la red, te pueda ayudar a definir tu proceso de búsqueda, también puede ser una buena opción. Seguramente te podrá ayudar algún amigo que haya pasado por esa situación antes o que domine el tema.

Si, además, has tenido la suerte de que tu antigua empresa te haya ofrecido la ayuda de un servicio de recolocación (*outplacement*) no dudes en aprovecharlo porque puede ser de gran ayuda.

En la figura 27 te dejo el formato de CV visual en 1 hoja que he desarrollado para utilizar y que puede darte algunas ideas de cómo vender tu producto de manera sintetizada.

Ya vamos sabiendo qué nuevo producto podemos ser en el futuro, pero, ¿tienes claro cómo quieres que sea el modelo de negocio de ese producto? Vamos a hablar de este tema en el próximo capítulo.

Figura 27 – Ejemplo de CV visual.

Capítulo 12

Séptimo principio: Rediséñate como negocio

"Lo mucho se vuelve poco con solo desear otro poco más".
Francisco de Quevedo

El séptimo principio tiene mucho que ver con el nuevo mundo al que nos enfrentamos. Como comentaba en el capítulo 2, la digitalización está provocando cambios muy importantes en el mercado laboral. Mencionaba entonces que los trabajos del futuro se parecerían poco a los que hemos desarrollado en el pasado, y que cambiarán no solamente los puestos de trabajo sino los modelos de relación entre trabajadores y empresas. A eso le tenemos que sumar la evolución de las políticas económicas de los sucesivos gobiernos y el impacto sobre aspectos claves del futuro profesional y personal como las contribuciones a las pensiones, el incremento de edad de jubilación, los permanentes rumores sobre la fiscalidad de planes de pensiones o la insostenibilidad a medio-largo plazo de la caja para el pago de las pensiones.

En este entorno tan cambiante e incierto, no cabe duda de que si te encuentras de repente en una situación de desempleo tras muchos años en los que, por ejemplo, la previsibilidad sobre tus ingresos, gastos o cotizaciones a la seguridad social era muy alta, te enfrentas a otro reto adicional. Posiblemente **ya no eres ese joven primerizo que aceptó una oferta de trabajo mientras vivías en casa de tus padres o compartías con amigos un piso en alquiler sin compromisos familiares, y que se adaptaba a cualquier situación económica**. Ahora los condicionantes económicos pueden ser importantes tanto desde el punto de vista de ingresos como de gastos, y también desde la óptica de temas tan importantes como tu cotización a la seguridad social, tu vida laboral, los seguros de vida o médicos a los que puedas optar...

Decía en el capítulo 10 que los ámbitos financiero y laboral eran importantes en el corto plazo, pero lo serán mucho más en el largo plazo, y aquí, una vez superada la tarea de ponerse al día en la normativa y solucionar los primeros trámites, toca hacer una reflexión profunda sobre el modelo de trabajo que más te puede interesar a futuro. Y aunque parezca mentira hay mucha tela que cortar en este tema.

Muchos estamos o hemos estado acostumbrados a un modelo económico-laboral altamente estable, en el que, si lo analizamos desde la perspectiva de un negocio, tenemos un único cliente: nuestra empresa. Si lo piensas, la empresa para la que trabajas es tu cliente, un cliente muy curioso, ahora que lo veo como autónomo que trabaja por cuenta propia. Te paga todos los meses sin que le tengas que mandar la factura de tu trabajo, incluso muchas veces te paga antes de que se acaben tus trabajos del mes. Además, no tienes que incluir IVA en tus servicios, te paga además parte de los costes personales que tienes (entre ellos pueden estar seguro médico, de vida, plan de pensiones, coche, *tickets* comida, a veces hasta te da ayudas para la educación de tus hijos). Paga tu formación. Provisiona todos los meses un dinero por si un día tiene que prescindir de ti. E incluso si tienes retribución variable, y cumples los objetivos fijados, te paga una cantidad adicional. Y además, si estás acogido a un convenio, te actualiza tu tarifa periódicamente. Vamos un cliente que puede llegar a ser muy generoso contigo.

Cuando pasas al paro, la cosa cambia bastante. En función de la situación de salida, puedes recibir o no una indemnización por despido y tener derecho o no al desempleo, que además te cubre la cuota de la seguridad social mientras dura el mismo. Cambia hasta el día en que recibes tus ingresos mensuales (los pagos por desempleo se realizan el día 10 del mes siguiente).

Si vuelves a trabajar para otra empresa, vuelves al modelo tradicional de cuenta ajena, aunque posiblemente cambien los conceptos de retribución en especie que te paga tu nueva empresa, y también el sueldo. Respecto al sueldo, desgraciadamente tras la crisis económica, aunque se ha recuperado parcialmente el empleo, no lo ha hecho el nivel salarial previo a la crisis. Claramente esta bajada de salarios es un hándicap adicional para el trabajador que tiene que buscar un nuevo empleo, especialmente si por sus circunstancias vitales tenía comprometido en gastos gran parte de su salario anterior.

Entonces, si el entorno laboral está cambiando y va a cambiar más, tienes una situación personal y económica diferente a la que tuviste cuando aceptaste tu primer trabajo, la edad puede jugar en tu contra a la hora de recibir ofertas laborales y por decirlo irónicamente no tienes las ataduras del contrato con tu anterior empresa, **¿por qué no plantearte un cambio en el modelo laboral en tu aventura de reinvención?**

Plantearte un cambio no significa que lo hagas finalmente, sino que por lo menos lo valores. Cuando dejé Telefónica, dentro de la reflexión que hice sobre la nueva situación, mis puntos fuertes, qué no quería ser (por ejemplo, me planteé incluso si podía emprender una carrera política, algo que descarté en 3 minutos...), valoré hasta qué punto tenía que buscar en el mercado un clon de la relación laboral que tenía en Telefónica. De las ofertas que recibí, intenté ver cómo se adaptaban a mi realidad de ese momento, más que en qué se parecían o no a lo que me ofrecía en el pasado Telefónica como directivo.

Lo primero que tuve que tener claro es que, como dije cuando hablaba del ámbito financiero, no podía dejar descubierto el tema de los seguros de vida y médicos. En la nueva situación, cubrirme ante contingencias graves de salud debía ser una prioridad. Y poder mantener las condiciones de las aseguradoras con las que tenía mis seguros en Telefónica era muy importante. La segunda reflexión que hice fue que, si quería poder decidir sin prisas, y quería probar la experiencia de trabajar por cuenta propia, aunque fuese muy temporalmente, no podía depender de los subsidios de desempleo y las lógicas altas exigencias que tienen en lo que se refiere a ingresos adicionales. Rápidamente decidí que necesitaba darme de alta como autónomo para poder realizar esa actividad por cuenta propia de la manera más efectiva mientras no tuviese otro trabajo por cuenta ajena.

En España, existe una opción importante en la normativa de la Seguridad Social que es la capitalización del desempleo. Básicamente consiste en que el gobierno te da la opción de entregarte el desempleo que tengas pendiente de recibir de una vez o a plazos para que emprendas una actividad por cuenta propia. Si lo quieres hacer de una única vez para emprender una actividad, tienes que justificar con una memoria y las facturas de gastos e inversión el establecimiento de la actividad. La segunda opción, que fue la que yo elegí, es que puedes utilizar esa cantidad para financiar las cuotas de cotización a la Seguridad Social como autónomo. De ese modo, antes de empezar la actividad, solicitas la capitalización y la Seguridad Social te ingresa cada mes una cantidad similar a la cuota que has decidido cotizar como autónomo. Esta ayuda se acaba cuando se consume el saldo que tienes en el desempleo.

Bueno pues después de esto y darme de alta en la Seguridad Social y en Hacienda como autónomo (gracias Marisa por tu asesoramiento tan eficaz), ya podía empezar a trabajar por cuenta ajena con garantías y sin limitaciones. Como te dije anteriormente, también decidí ponerme un sueldo mensual que me permitiese simular que tenía una actividad periódica. Una transferencia mensual entre cuentas era mi nueva nómina.

Y entonces empezó la aventura de empezar a probarme como producto, sin tener todavía muy claro el modelo de negocio que iba a adoptar. Mis primeros trabajos fueron de formación y conferencias. Trabajos altamente gratificantes y para los que tenía amplia experiencia laboral y conocimientos que compartir. Nunca se podrá imaginar Susana Santos, directora de RRHH de la empresa Indizen, lo agradecido que le estaré por haber sido la primera persona que confió laboralmente en mí después de salir de Telefónica. Y después de Susana, vinieron Julio Alonso, Charo Ros (hijas de Jesús), Rosa Gil (Axesor), Ramón Gurriarán (EOI), Ooredoo, JM Fernández Bosch (Aena), José Negueruela (EdP)...

Era una nueva forma de trabajar y vivir. La incertidumbre sobre cómo cotizar un servicio que me solicitaban (ponerle precio a mi servicios de asesor o conferenciante es posiblemente una de las tareas más complicadas de mi nueva vida). Empecé a aprender de cómo gestionar todo el *funnel* de ofertas comerciales y después de eso la emisión de las facturas, el control del cobro, la liquidación del IVA... Realmente tareas que nunca había hecho en mi anterior vida profesional, y que aprendí por prueba y error, y la ayuda de mis clientes, que tengo que decir que siempre han sido muy colaboradores.

Empezó una etapa en la que empecé a entender que mi sueldo mensual no iba a ser cifra fija, sino que sería una especie de montaña rusa, con meses muy buenos y meses menos buenos. Y luego agosto, un mes totalmente valle para el autónomo si además quiere disfrutar de vacaciones con su familia. Una nueva vida sin pagas extras, sin previsibilidad...

Descubrí que lo mejor que podía hacer era montar un sistema de control importante de los ingresos, básicamente un Excel con una hoja de 52 columnas y tantas filas como trabajos voy acordando con mis clientes. Lo que hacía, y lógicamente sigo haciendo, es apuntar en cada la celda que cruza el trabajo con la semana o semanas en la que lo voy a el trabajo, el importe que voy a cobrar. La suma de las columnas me da el ingreso de la semana y agrupando las semanas, el del mes, así se cuál va a ser mi salario mensual. Esto me permite varias cosas: saber cuánto llevo ingresado, cuánto preveo ingresar en el año, y, sobre todo, en función de la cantidad estimada para los siguientes meses, tener claro si voy a tener uno de los dos problemas más típicos que puede tener un autónomo (falta de trabajo o exceso de este). Al fin y al cabo, un autónomo es como un avión, que, en vez de tener asientos, tiene horas que comercializar y una capacidad limitada.

Empecé a aprender que ya no tenía sentido calcular los ingresos de un año natural (salvo a efectos fiscales), que el mejor indicador a seguir era la suma móvil de ingresos de los últimos 12 meses. Luego tuve que empezar a profundizar más en el tema de los cobros para empezar a gestionar de una manera eficaz la caja, ya que el autónomo tiene que abonar trimestralmente la declaración de IVA, y cuando tienes varios clientes, llevar el control de todas estas variables y además hacer el resto de tu trabajo no es nada obvio. Reservar una partida para el pago de los impuestos es muy importante porque la retención del 15 % puede ser insuficiente.

Debido al tipo de actividad que hago (formación, asesoría y conferencias), los ingresos de cada actividad son diferentes en importes, modelos de acuerdo, tiempo de dedicación, plazos de cobro, gastos asociados... Tener una buena referencia en estas prácticas si decides ponerte a trabajar por cuenta propia es muy importante. En mi caso, la incorporación como asociado a la plataforma Huete&Co[13], liderada por el profesor Luis Huete, me ha ayudado mucho al compartir tanto con él como con el resto de los asociados modelos e información y resolver dudas, que serían muy difícil de resolver por uno mismo, más allá del método tradicional de prueba y error, que muchas veces no es muy aconsejable en trabajos profesionales.

Pero un negocio tiene más actividades importantes, por ejemplo, **el marketing y la labor comercial**. Decidí crear una marca comercial **Líderes y Digitales** y después de recibir la ayuda de José Antonio Moreno con el diseño de su logo, y registrar los dominios, cuentas de Twitter y LinkedIn correspondientes, registré la marca en la Oficina Española de Patentes y Marcas. Y

13 www.hueteco.com

luego las tarjetas, las carpetas, el diseño de presentaciones y material digital... ¡Es lo que tiene lanzar un negocio, aunque el negocio seas tú! Y después el catálogo de productos y servicios. Y luego invertir en tecnología, licencias de correo y otros servicios, realizar labores de desarrollo comercial y canales de distribución, invertir en formación...

Otro tema interesante es **dónde estableces tu oficina** cuando trabajas por cuenta ajena. Este tema es muy personal. Por ejemplo, hay personas que no son capaces de trabajar en su casa. En mi caso, la decisión fue optimizar los costes de oficina y aprovechar para cambiar de casa mediante el modelo de alquilar mi casa en propiedad y trasladarnos en alquiler a otra más grande donde pudiese tener una pequeña oficina. La decisión fue buena para toda la familia, porque todos ganamos en el cambio y por mi forma de trabajar, me ha permitido además recuperar tiempo con mi mujer e hijos. Viajo mucho porque muchos de mis clientes y alumnos están fuera de Madrid, así que con mi minidespacho me sobra. Adicionalmente, la aparición de espacios de trabajo como los de WeWork, permiten disponer de una oficina totalmente equipada por menos de 1.000 euros al mes.

He preparado un pequeño esquema de las cosas que hay que tener en cuenta si te quieres establecer por cuenta propia que puedes ver en la figura 28.

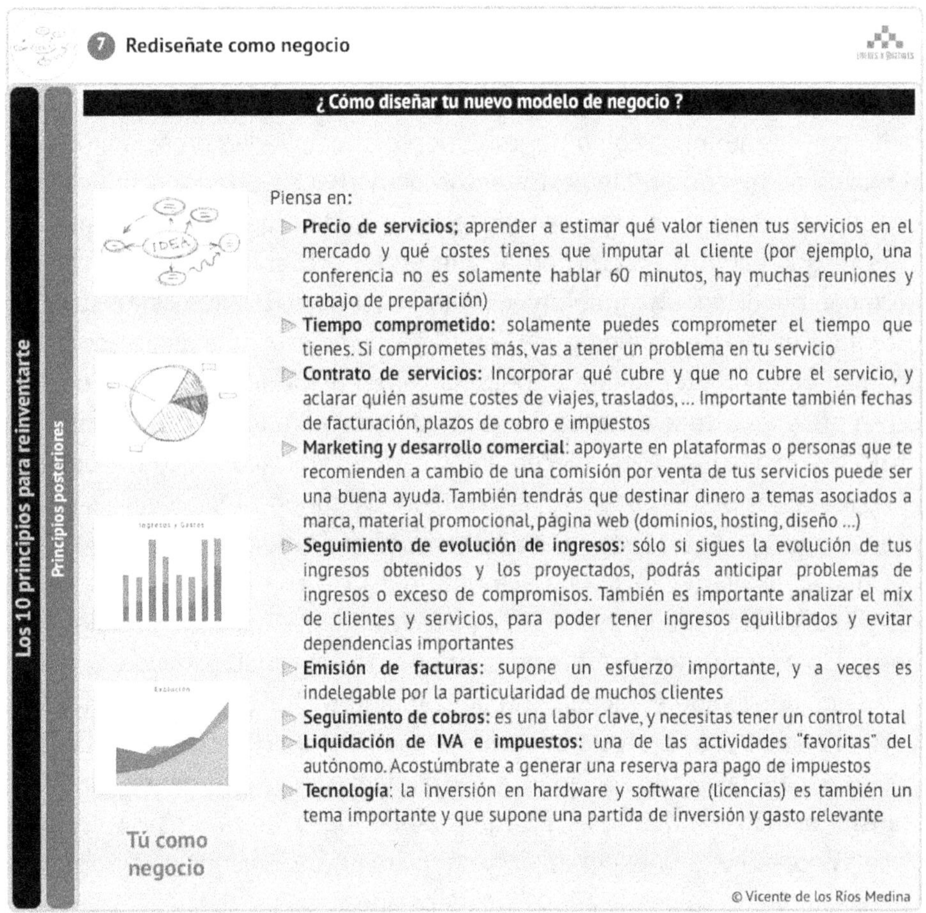

Figura 28 – Cómo diseñar tu nuevo modelo de negocio

Un modelo de negocio radicalmente diferente al tradicional de trabajar por cuenta ajena, en el que tienes que ir poco a poco construyendo tus productos y servicios, decidir tu política de precios, tu estructura de inversión y gastos, combinando el corto y el medio plazo. Un negocio donde muchas veces una oferta rechazada por un potencial cliente se puede convertir en un nuevo producto que puedes comercializar a otros, y por lo tanto en una nueva oportunidad.

Tengo amigos que dicen que este modelo es mucho más inestable y estoy en desacuerdo. Es un modelo en el que la probabilidad de que se te caiga un cliente cada día puede ser elevada, mucho más que la probabilidad de que te despidan hoy de tu trabajo, pero también hay muchas posibilidades de que mañana aparezca una nueva oportunidad. Un modelo donde estás en evaluación permanente. En mi caso prácticamente todos los días se me evalúa, tanto por mis alumnos como por mis clientes, que pueden prescindir de mis servicios sin mucho problema. Un entorno en el que tienes que saber hacer de todo, atender a todos y sobre todo tener una alta capacidad de adaptación y de flexibilidad. Un entorno en el que no todo el mundo podría trabajar, pero que puede ser una gran opción para muchos de los que estáis leyendo este libro, especialmente porque la cultura laboral española de prescindir de una manera u otra (despidos o prejubilaciones) de profesionales por encima de 45 años, y no considerarlos como candidatos para los puestos a cubrir u ofrecerles unas condiciones inaceptables, está desgraciadamente en aumento.

Hace unos meses escribí un artículo en El Economista *(¿Podemos permitirnos prescindir de los séniores en la transformación digital?*[14], donde hablaba del tema. Sinceramente me parece una injusticia cómo se está tratando a los profesionales sénior en España, y especialmente me parece indignante porque lo están haciendo profesionales de la misma edad o mayores incluso que ellos, aduciendo el factor de edad como limitante. Despreciar el talento y experiencia de los profesionales sénior me parece un flaco favor a las empresas españolas y a la sociedad, especialmente en un momento en que la transformación a la que se están enfrentando todas las empresas y sectores hacen necesarios una experiencia y conocimiento de negocio que muchas veces solamente se puede adquirir con los años.

Consecuentemente, la opción de trabajar por cuenta propia es una opción todavía más factible para muchos de esos profesionales sénior y una opción muy real de poder tener una segunda vida profesional que no dependa de prejubilaciones o decisiones cuestionables.

Si estás dispuesto a jugar el partido de esta manera diferente tendrás que rediseñarte como un auténtico negocio, y mi consejo es que para ello lo hagas totalmente decidido y además buscando el beneficio tanto en el corto como en el largo plazo, porque puedes tener una auténtica nueva carrera profesional que se prolongue hasta después de tu edad de jubilación. Que

14 https://www.linkedin.com/pulse/podemos-permitirnos-renunciar-los-seniors-en-la-de-los-rios-medina/

hayas trabajado durante tu vida laboral los 5 primeros principios que llamé previos puede ser todavía más decisivo para poder jugar con garantías en esta nueva carrera por cuenta propia.

Si decides optar por seguir trabajando por cuenta ajena, mi consejo respecto a tu modelo de negocio es diferente. Aquí el principal tema que tienes que analizar es hacer un análisis completo de la oferta que te hagan, teniendo en cuenta que partes de cero en la empresa, de qué te interesa en la nueva situación (modelo laboral, duración del contrato, movilidad geográfica, jornada laboral, complementos o servicios ofrecidos), porque a lo mejor en este momento puedes necesitar algo que no te podía ofrecer tu anterior empresa o renunciar a algo que tenías y que ahora ya no necesitas. Saber negociar bien la incorporación a la nueva empresa es muy importante, y hay que investigar, analizar y entender las condiciones ofrecidas, y el impacto que tendrán en este momento de tu vida. Firmar algo de lo que te arrepientas al recibir tu segunda nómina puede ser un contratiempo importante.

Capítulo 13

Octavo principio: Decídete

"Ya habíamos pensado, dicho, sentido e imaginado suficiente.
Era el momento de que se hiciera algo".

Clive Staples Lewis

El mundo está hecho para gente con pasión. Me encanta una foto que saqué del patio del Colegio Caldeiro de Madrid, donde los niños juegan viendo el lema "**las personas con pasión hacen obras grandes**". Seguro que los niños que están permanentemente viendo ese lema, tienen actitudes diferentes cuando se hacen mayores.

En estos momentos de cambio, la decisión es clave, y esta es una de las labores más difíciles de abordar para el ser humano. Aunque si lo pensamos bien, estamos permanentemente tomando decisiones: cruzo la calle o no, llamo a A o a B, me pongo a acabar este trabajo o este otro... Siempre he pensado que esas pequeñas decisiones de la vida van condicionando muchas veces nuestro futuro. Recuerdo que cuando estudiaba teleco, tuve que ir un día a la escuela a hablar con un profesor porque me iba de becario a Alemania en verano. Cambié el camino habitual y me encontré con un cartel de becas en Telefónica y me animé a solicitar una. Si no hubiese tomado la decisión ese día de ir por otro camino, es posible que no hubiese hecho esa beca en Telefónica porque volvía a España después de que se cerrase la convocatoria. Esas pequeñas decisiones que definen tu futuro.

Llegados a este momento en el que toca encontrar un nuevo futuro profesional, la indecisión es uno de los mayores frenos a la reinvención. Las circunstancias económicas, son un factor que también suma a la indecisión, tanto si son negativas como si son positivas, porque la comodidad o la necesidad pueden ser malas compañeras.

En tiempos de cambios tan importantes, con tantas variables para tener en cuenta, aumenta la incertidumbre y es muy natural que te surjan dudas sobre si elegir un puesto u otro.

El proceso de reinvención es tan diferente a tu vida profesional que has llevado hasta la fecha, que es posible que te cree una sensación de imprevisibilidad que dificulte la toma de decisiones. Es muy frecuente, por ejemplo, que recibas diferentes ofertas de trabajo al mismo tiempo, difíciles de comparar entre sí. Tienes que tomar decisiones en un entorno extremadamente cambiante, condicionado por información incompleta, indefiniciones del puesto, cambios en la empresa interesada en ti... Posiblemente tengas la sensación de que una oferta es increíble, y en unas horas o días, por información que recibas o por algún detalle de la comunicación con el *headhunter* o la empresa, pienses que no es oro todo lo reluce. O viceversa...

Si te decides por la vía de trabajar por cuenta propia el tema no es más fácil. Al final vives de comercializar tu tiempo, y es imposible estar en dos sitios al mismo tiempo. ¿Y si me ofrecen un proyecto muy interesante pero incierto para un periodo en el que ya tienes un compromiso de menor entidad? Delicada decisión. Aplicamos, "más vale pájaro en mano que ciento volando" "o todo o nada". Esta es la vida diaria del trabajador por cuenta propia.

Siempre me ha gustado tomar como referencia a la hora de tomar decisiones importantes la metodología del libro ***Sí o No*** [15] de **Spencer Johnson** donde introduce el concepto del **mapa para una decisión mejor**. Os recomiendo que leáis este libro del autor de *¿Quién se ha llevado mi queso?* Básicamente lo que desarrolla Johnson es que **para tomar una decisión hay que hacerse dos tipos de preguntas**: unas con la **cabeza** y otras con el **corazón**.

Para utilizar la cabeza al tomar una decisión la mejor pregunta que nos podríamos hacer sería:

"¿Estoy atendiendo a una necesidad real, me estoy informando de las opciones disponibles, lo estoy pensando a fondo?".

Atender a necesidades reales es clave. En esta etapa muchas veces te puedes guiar más por cantos de sirena o simplemente por querer desquitarte

15 *Sí o No* - Spencer Johnson - Empresa Activa - 2003

de una situación que es posible que tú no hayas creado. Aceptar un trabajo concreto por estatus o simplemente por seguir siendo un personaje como decía capítulo 7, a lo mejor no es la mejor decisión. El ego lleva a elegir opciones que no cubren las necesidades reales que tienes. Formular preguntas, buscar información adicional o hacer una observación más realista de la situación son herramientas que Spencer Johnson nos recomienda en esta reflexión con la cabeza.

Cuando tenemos que hacernos la pregunta con el corazón, la propuesta de la metodología es:

"¿Refleja mi decisión que estoy siendo honesto conmigo mismo, que confío en mi intuición y que me merezco algo mejor?".

Claramente una pregunta muy complicada de responder en un entorno de dudas. Y que después de responder la pregunta que te has hecho utilizando cierta racionalidad, nos llevaría a desechar algunas decisiones tomadas. En este caso, es clave lo que comentaba en el capítulo 11 (sexto principio), sobre lo que no quieres ser. ¿Realmente te ves trabajando en la empresa X los próximos 12 meses? ¿Realmente crees que te mereces recibir en la nómina del próximo mes el sueldo rácano que te ha ofrecido esa empresa tan estupenda? ¿Vas a ser feliz en esa nueva ciudad separado de lunes a viernes de tu familia? ¿Merece la pena pasarte la vida en un avión para mantener tu estatus de superestrella?

La pregunta del corazón, la resume a mi entender Johnson de manera brillante:

¿Qué decidiría si no tuviese miedo?

¡Ay el miedo, el gran secuestrador en la toma de decisiones! Si lo piensas **el miedo es el gran freno que todos tenemos al tomar una decisión,** tanto a nivel profesional como personal. Miedo a equivocarnos, miedo a que puedan decir los demás... Miedo por aquí, miedo por allá.

Tenemos que pensar que los miedos nos han frenado a lo largo de nuestra vida desde que éramos pequeños. Cada uno tenemos nuestros propios miedos que nos han limitado. Piensa en ese miedo que tenías de pequeño y que te ha ido condicionando (posiblemente nadar, hablar en público, viajar...). ¿Cuánto te has perdido por ese miedo? ¿Cuánto has dejado de disfrutar y de relacionarte con otras personas por tu miedo?

Los miedos muchas veces tienen que ver con la sensación de protección que tienes cuando estás en lo que tú consideras una zona de seguridad. Es posible que esa seguridad que tú sientes sea más subjetiva que realmente objetiva. Por ejemplo, muchas personas en España consideran que el sistema laboral les protege porque su contrato tiene una indemnización por despido que supondría un coste elevado de asumir a su empresa en caso de que prescinda de sus servicios de manera improcedente. Al fin y al cabo, ese seguro es una cantidad de dinero, ni más ni menos. Pero, ¿hasta qué punto esa cantidad es un seguro de por vida?

Volviendo al tema de la decisión, es cierto que **el ser humano toma las decisiones pensando más en lo que tiene que perder que en lo que tiene que ganar.** Como se dice en el futbol, somos más bien "amarrateguis". Es posible que, si en este momento estás en una situación de desempleo, tengas la sensación de que poco puedes perder ya. La urgencia es una buena ayuda para superar algunos miedos, aunque puede generar nuevos miedos. Tener poco que perder tampoco te debe permitir tomar cualquier decisión a la ligera.

En mi caso, consideré que si no me hacía autónomo y empezaba a tener libertad para trabajar en cualquier propuesta que recibiese iba a estar totalmente condicionado en las decisiones. Pensé "sin limitaciones para trabajar por cuenta propia seguro que me van a salir más oportunidades de trabajar por cuenta ajena". Esa decisión temporal que tomé, resultó ser una decisión que cambiaría totalmente mi destino profesional. Y tres años después aquí sigo siendo profesional por cuenta propia con un convencimiento total.

Las circunstancias de cada uno son diferentes, y eso condiciona todas las decisiones en este momento. Por eso te insisto tanto en que el haber practicado los 5 principios previos que propongo, te dará gran apoyo a la hora de tomar estas decisiones al tenerte que reinventar.

Hay dos frases referidas a la decisión que seguro que has escuchado en múltiples ocasiones: la peor decisión es la indecisión y la parálisis por el análisis. Pues bien, en el periodo de reinvención, la indecisión y el exceso de análisis, no solamente te pueden privar de una buena decisión, sino también muchas oportunidades.

Te tocará decidir, y muchas veces equivocarte, pero de esas decisiones buenas y malas, saldrán gran parte del aprendizaje que adquieres en un periodo tan intenso como este.

En la figura 29, te resumo la metodología de Spencer Johnson para tomar la mejor decisión.

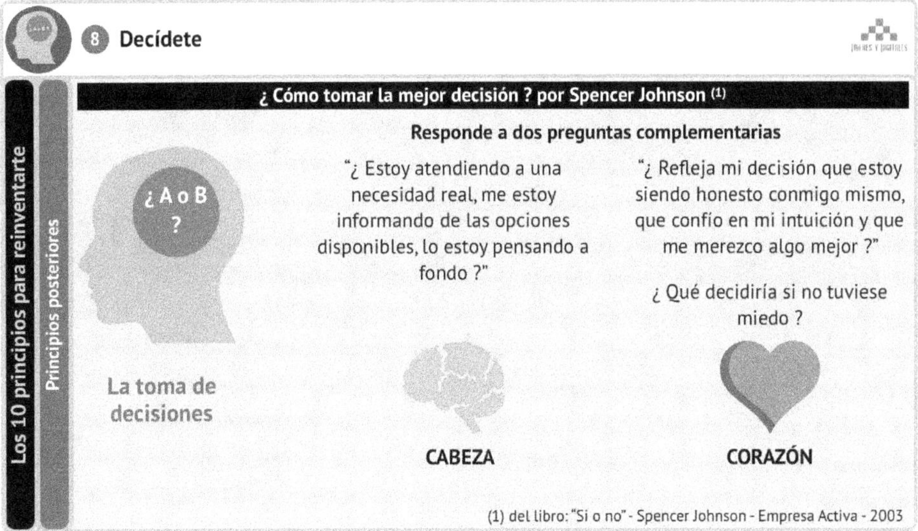

Figura 29 – Cómo tomar una mejor decisión.

Capítulo 14

Noveno principio: Busca apoyos, porque los vas a necesitar

"Ayudar al que lo necesita no solo es parte del deber, sino de la felicidad".
José Martí

Si hay algo que caracteriza una fase de cambio como la de la reinvención es la sensación, al menos inicialmente, de soledad. La soledad muchas veces no es ni buena ni mala en sí misma. A veces, nos puede gustar o necesitamos estar solos. Sin embargo, cuando afrontas un reto del calibre de una reinvención, la sensación de soledad puede ser una pesada losa.

El salir de una zona de confort colectiva (a lo mejor, desgraciadamente tampoco era de mucho confort, pero sí de resguardo) de la que formabas parte por trabajar en una empresa te lleva a un escenario de soledad inusual por primera vez para ti desde los tiempos de la universidad. Muchas veces esa soledad es la que te obliga a estar tomando decisiones permanentemente. El formar parte del colectivo de una empresa, te evita tomar decisiones: muchas ya te vienen dadas.

Recuerdo mi primer día fuera de Telefónica tras 25 años acompañado: visita al *eShow* a ver varias presentaciones de buenos amigos (escuchar a Juan Luis Polo siempre es un aliciente para empezar una nueva vida...). La tarde escuchando y dando ideas a varias *startups* con mi querido José Ramón Torá, que por fin conseguía que fuese a uno de sus eventos de House of Genius. Y sobre todo una sensación rara: no tenía jefe, ni tenía que ir a comités, ni preparar informes... Mi último jefe, Javier Castro, se había convertido de la noche al día en solo un gran amigo (por cierto, aprovecho para mandarle un abrazo muy fuerte de cariño y agradecimiento por todo lo que me apoyó en el tiempo que trabajé con él). La orfandad de comités e informes despejaba de manera importante mi agenda. Y tocaba volver a llenar la agenda, ¿pero de qué llenas la agenda cuando llevas 25 años en una empresa y de repente la dejas?

Tener apoyos en el proceso de reinvención es muy importante. Apoyos de todo tipo: profesionales, emocionales, compañía... Hay muchas maneras de recibir ayuda cuando estás en el camino de encontrar tu nueva vida profesional. Y esas ayudas van a venir muchas veces proactivamente de otras personas, y en otros casos te va a tocar pedir ayuda.

Yo puedo decir que **el primer apoyo que tuve fue el de mi mujer**. Un apoyo decidido, basado en lo más importante que puedes tener en una situación así: confianza plena en las decisiones que tomaba. En un caso donde los ingresos familiares venían en exclusiva de mi trabajo, no era obvia una reacción así. El ver todas las noches dormir a mi mujer tranquila, ha sido y es para mí uno de los mayores activos que poseo en esta nueva etapa. Un 10 para Leticia por su cariño y apoyo.

Mis tres hijos, Jaime, Isabel y Carlos también me han apoyado mucho, aunque lógicamente a su manera. Desde el primer momento intenté transmitirle a cada uno el cambio que íbamos a afrontar como familia, y cómo pensaba que esta nueva situación nos podía favorecer familiarmente. Siempre han estado allí, y también creo que mi nueva vida nos ha permitido compartir tiempo de más calidad, y poder implicarme más y mejor en apoyarles en las decisiones que tenían que tomar sobre sus estudios universitarios y sus primeros pasos en la vida profesional.

Mi madre también ha sido un gran apoyo. Reconozco que posiblemente para ella, se hiciese rara esta situación y sobre todo la tranquilidad y la seguridad con la que le transmití la nueva situación. Tengo que reconocer que tengo una madre estupenda, y que ha tenido la virtud de respetar mis decisiones y estar a mi lado sin querer tener protagonismo. **Jorge y Javier, mis hermanos, también me han apoyado constantemente**, y esta etapa nos ha ayudado a reflexionar sobre nuestro futuro juntos. Y lo mismo el resto de familia, **mi suegra, tíos, primos**... que en nuestro caso son bastante cercanos y siempre están apoyando en los momentos que se necesita.

De **mis amigos** qué decir, han sido geniales y generosos apoyándome, cada uno a su manera. Unos llamando periódicamente para preguntar cómo iba todo o compartiendo información de oportunidades (GRACIAS Rosana, Romina, Manolo, Chema, Fernando, Ezequiel, Roberto, Enrique, José María, Valentín,

José Manuel, Gema, Javier, Pablo, Lorena, Rosalía, Nati, Ana, Gemma, Javi, José Luis, Pedro, Ramiro, Carmen, Vicente, Kathy, Juan, Esther, Óscar, Alberto, Montse, Aldara, Isabel, Carlos, Plácido, Juanma, Rafa, Marco, Manuel y Ricardo, Irene, Florie, Quique, Luis, Elena, Emilio, Nacho, Curro, José, Félix, Jesús, Santi, Alfonso, Tacho, Eduardo, Fernando, Juan, Ángel, Alex, Adrián, Mariano, Paco, Mauricio, Juan Antonio, Jaime y muchos más que ayudaron en lo que pudieron)., otros ofreciéndome colaborar en sus proyectos (GRACIAS Juan Carlos y Xavi, Rosa, Miguel Ángel, Alfonso, José Manuel, Ramón, Javier, Félix, Paco, Yolanda, Antonio y Albert, Enrique y Alberto, Jorge, César, Enrique, Luis y Juan Miguel, Juan Ignacio...), otros compartiendo conmigo su tiempo y su preocupación (GRACIAS Javi, D. Manuel, Carlos, Susana, Ángel Luis, Inma, Teresa, Cristina, Diego, Pablo, Cristina, Lorenzo, Carlos, Gloria, Gema, Álvaro, Teresa, Ángel, María José, Javier, Fran, Bárbara, Eduardo, Alejandro, Álvaro, Antonio, Inma, Juan Antonio...). Un auténtico placer haber recibido el apoyo de éstas y muchas más personas que me han demostrado su amistad en el momento que era necesario

Por encima de todos **quiero destacar a los que siempre ayudaron, justo cuando ellos lo necesitaban igual o más que yo**: Nev Haynes, Alain de Fuentes, Juanfran Bezón, Adolfo de la Fuente, Luis González, Álvaro Paricio y Alberto Vázquez. Para mí habéis sido los más generosos y desprendidos porque habéis incluido mis necesidades en vuestra lista de preocupaciones. ¡¡MUCHISIMAS GRACIAS!!

Pero también **es una etapa de pedir ayuda** y apoyo a otras personas. Muchas veces el ser humano es demasiado arrogante para reconocer que necesita ayuda. Hay que ser consciente de que en este proceso a veces cierta ayuda concreta que necesitas no te va a venir directamente, y tendrás que buscarla tú. Ayuda para conseguir poder abrir puertas a las que no puedes acceder por tus contactos, ayuda para tener información de contraste en procesos, ayuda para poder explorar oportunidades o crear proyectos...

Y claro, ¿qué pasa cuando no has sido muy aplicado en trabajar los principios previos 3 (La importancia de las relaciones humanas) y 5 (Cultiva el espíritu de servicio)? Pues que tienes un gran problema. Si no has tenido espíritu de servicio ni te has interesado por las personas, es posible que tengas más dificultades para poder reinventarte al disponer de menos apoyo por parte de otros. Dar siempre tiene su recompensa en el largo plazo.

Al pedir apoyo hay que ser también realista. Muchas veces estos momentos en los que pedimos ayuda, nos permiten saber quién va a estar de tu lado y quién no. Es posible que el problema no esté en quién no quiere ayudar, sino en que tengas un criterio erróneo en saber con quién puedes contar. Siempre se dice que tienes que saber ponerte en los zapatos de otra persona, y a veces no somos conscientes de que a lo mejor el otro no puede, no sabe o directamente no quiere ayudarnos. Esta etapa es un tiempo en el que desgraciada o afortunadamente puedes calibrar tus apoyos reales.

Reinventarse es una aventura y como en toda aventura aparecerán compañeros que te acompañarán en una o varias etapas de esta. En la aventura donde finalmente me embarqué trabajando por cuenta propia, han aparecido muchos compañeros de viaje. Algunos de mi vida pasada a los que les estoy tremendamente agradecidos, y otros que se han ido sumando a esta aventura. Por ejemplo, **los profesionales que se han sumado al claustro del Programa Ejecutivo en Transformación Digital** que diseñé y dirijo en la EOI (Escuela de Organización Industrial), muchos de ellos conocidos del pasado y otros que gracias a compartir horas juntos en las clases han pasado a formar parte de mis círculos profesional y personal.

Otros magníficos compañeros de viajes son **los compañeros de la EOI**, que me han acogido como uno más de ellos, a pesar de ser simplemente un profesor que colabora en la Escuela. Es muy difícil encontrar personas más profesionales, colaboradoras, cercanas y cariñosas.

También agradecer a **mis alumnos** su cercanía, apoyo y comprensión. Muchos de ellos han pasado de ser un nombre en un listado de clase a amigos con los que comparto momentos fantásticos.

Y qué decir de **mis clientes**, con los que estoy compartiendo tiempo y experiencias comunes, y que me tratan de maravilla. Audiolis, AUSSA, Proinsermant, Indizen, Domo, Baratz, Lucecem, Fundación Botín, Axesor, Protos, Rosetta Stone, Aena, GSS, EdP, APCAS, ARVATO, Tradecorp... son algunos de los que me hacen disfrutar de esta nueva etapa. Muchos de ellos han surgido de personas que han querido ayudarme de una manera u otra, simplemente a veces por acordarse de mi cuando alguien les pedía un contacto de un profesional.

También puedes optar con compartir la aventura con un equipo. Este ha sido mi caso con los compañeros de viaje de **Huete&Co**. Siempre le estaré agradecido a Luis Huete por contar conmigo para este proyecto, y darme la oportunidad de aprender a ser asesor y conocer compañeros tan maravillosos como los que forman parte de la plataforma.

Tampoco puedo olvidar a **Alberto Turégano**, mi compañero en la iniciativa de **Líderes y Digitales**, a la que pronto se irán sumando más profesionales que quieran disfrutar ayudando a personas y empresas a transformarse a partir de sus conocimientos y experiencias. Y a **Marisa Martínez**, con la que disfruto mucho en los proyectos compartidos en tierras malagueñas. Trabajar en equipo es una magnífica manera de disfrutar más de tu vida profesional, y hacerlo con personas tan fantásticas es un placer que no te puedes perder.

Y por el camino también aparecen otros profesionales que están en procesos de reinvención y con los que compartes reto temporal. Ese es el caso de Pablo, mi peluquero de toda la vida, que junto a su amigo Juan, decidió emprender con su propia peluquería, **Jean Paul Lazfer,** y con el que he compartido nuestras experiencias vitales de reinvención, entre cortes de pelo. Ver cómo en los casi tres años de aventura paralela se van cumpliendo esos deseos que teníamos al empezar el camino reconforta mucho.

¿Tienes claro a quién recurrirías si tienes que pedir ayuda para reinventarte?

Capítulo 15

Décimo principio: Compártelo, porque otros lo pueden necesitar

"Cuando llueve comparto mi paraguas, si no tengo paraguas, comparto la lluvia".
Enrique Ernesto Febbraro

Llegamos al último principio y es posible que te parezca raro que te recomiende que cuando estás en un proceso de búsqueda de tu futuro, centres tus esfuerzos en ayudar a los demás. Pues sí, aunque resulte contradictorio, **cumpliendo este principio no solamente ayudas a otros, sino que también te ayudas a ti mismo**.

En general vivimos en una sociedad donde nos cuesta compartir nuestras vivencias, tanto sean positivas como negativas. Compartir lo que sentimos cuando estamos bien, por ejemplo, nuestro agradecimiento, o compartir lo que sentimos cuando las cosas no han ido bien. **Somos una sociedad que intenta esconder muchas de las emociones que vivimos, salvo que sean extremas** (la violencia, el odio o la euforia).

Pasar por un proceso de búsqueda de trabajo, es un momento lleno de emociones, de sensibilidad a flor de piel, de frustraciones e indecisiones, pero también de alegrías, de sorpresas positivas, de agradecimiento, de cariño... Una etapa donde el aprendizaje es máximo y muchas veces hasta complicado de procesar al ritmo que se suceden los acontecimientos.

Compartir tu experiencia con otros produce un efecto positivo doble: por una parte, **ayudas** a otras personas a tener una mejor visión de qué funciona o qué no funciona, de conocer detalles que solamente se conocen si se pasa por ello, de aciertos y errores, de qué se demanda o qué perjudica a la hora de buscar trabajo. Aportas conocimiento de un proceso muy crítico en el que toda ayuda es vital para acercarse al éxito final.

Por otra parte, compartir también **te ayuda a ti**. Te ayuda a ordenar esas ideas, a reflexionar sobre lo que te ha ido pasando, a depurar tu discurso (algo crítico a la hora de vender tu producto), a tener *feedback* de terceros... En el proceso de reinvención, se produce un curioso proceso de mejora iterativa de tu producto. A medida que vas pasando etapas, entrevistas, encuentros, procesos, conociendo personas... tu visión sobre lo que buscas va cambiando hasta ir llegando a una idea más precisa adaptada a tu realidad y al entorno real en el que te encuentras. Esa iteración afecta a tus puntos fuertes actuales, a lo que no quieres ser, a tu nuevo rediseño como negocio, a las personas a las que tienes que pedir ayuda... Y el contrastar esto con terceras personas, que incluso pueden estar en tu misma situación, te ofrece el mejor *feedback*.

En el fondo este principio está muy ligado al noveno. El proceso social y de comunicación de la reinvención ayuda muchísimo a las personas que están en esa fase de la vida.

Además, podríamos hablar de un **tercer efecto positivo de compartir tu historia** que se llama **empatía**. Compartir con otras personas tus aprendizajes ayuda a que esas personas sean conscientes de que también tienen que colaborar con las personas que se encuentran en esa situación, y además les ayuda a ponerse en tus zapatos, y pensar que es posible que un día les pase a ellos. Esta es posiblemente una de las mejores maneras de que las personas se tomen mucho más en serio su desarrollo profesional, para no estar al albur de los acontecimientos.

Desgraciadamente por el tipo de vida que llevamos, el tiempo para compartir experiencias es muchas veces limitado, especialmente si además tratamos de hablar de situaciones donde no se venden precisamente los éxitos logrados.

Mi consejo es que, **si has pasado por esta situación, ayudes a otras personas a pasar por ello apoyándoles con tu experiencia**. En mi caso, mi querido amigo Luis González, se volcó desde el principio en ayudarme y compartir conmigo su experiencia pasada. Es un lujo contar con la ayuda de una persona que te comparte lo que le ha pasado, información sobre dónde buscar trabajo, sobre cómo afrontar una entrevista, sobre los mejores *headhunters* para lo que buscas...

Pero, ¿cómo compartir tus vivencias con otros? Pues hay varias maneras de hacerlo. Por ejemplo, no rehúyas a ninguna persona que te pida ayuda porque pasa por tu misma experiencia. Siempre vas a sacar algo de ese café que te tomas con quien te pide ayuda. No sé cuántos cafés como estos me he podido tomar en 3 años.

Otra propuesta sería quedar con amigos que puedan pasar por la misma situación a futuro. En mi caso he intentado compartir mi experiencia con muchos de ellos, porque me parece que es importante reflexionar con tiempo para poder ponerte en marcha. La reacción ha sido de agradecimiento, porque el día a día del trabajo no te deja ver mucho este tipo de situaciones, y tampoco es un tema que en general se plantee abiertamente.

Y claro siempre te quedará la opción de que Carmen Bustos te pida dar una conferencia y luego te animes a escribir un libro.

Ya sabes, a compartir, porque tu experiencia vale oro...

Capítulo 16

Ahora te toca a ti ponerlo en marcha

"Un viaje de mil millas comienza con el primer paso".

Lao-tsé

Ya hemos visto los diez principios que te propongo para poder reinventarte en un futuro. Creo que no son difíciles de llevar adelante. Conceptos sencillos, mucho sentido común, y eso sí bastante esfuerzo y sobre todo constancia.

Cuando doy clase de plan de transformación digital comparto lo que me decía mi amigo Sergio Oslé sobre las 3 acciones que hay que llevar a cabo para **afrontar un proceso de transformación**:

1. Identificar la oportunidad que aparece o la amenaza que acecha para afrontar el cambio.
2. Definir qué acciones tienes que poner en marcha para llevar a cabo ese cambio.
3. Implantar bien esas acciones.

En general tanto las empresas como el ser humano tenemos muy claras las oportunidades, a veces también las amenazas, y sabemos más o menos que hacer para aprovecharlas o frenarlas. El problema que tenemos es la ejecución: "*del dicho al hecho...*".

Por lo tanto, el tercer punto es muy crítico y el mayor causante de nuestros fracasos en los procesos de cambio. Y esto aplica a muchos procesos cotidianos: dejar de fumar, perder peso, hacer ejercicio... Tenemos muy claras las amenazas, las oportunidades, lo que tenemos que hacer... pero, ¡ay la ejecución!

Como os decía, este libro puede ayudar mucho más a las personas que todavía no saben incluso que van a tener que afrontar un proceso de reinvención que a las que desgraciadamente la realidad los ha llevado a tener que trabajar para reinventarse inmediatamente. A estos últimos, gran parte de su éxito vendrá en gran medida de cómo hayan ejercitado los 5 primeros principios a lo largo de su vida.

Como decía al principio del libro **preocuparte de tu desarrollo profesional es una de las principales responsabilidades personales que tienes**. Sé que a veces es difícil sacar tiempo de una vida apremiante por trabajo, familia y amigos. Pero hay que sacar tiempo de calidad para trabajar en ello. Habrás visto que algunos de los principios que te he propuesto ya los ejercitas de manera natural, así que eso llevas ya ganado para la causa.

Una de las ideas que creo que podrían ayudarte es contar con una persona que sirva de apoyo. Un amigo, un compañero, un jefe. Incluso puedes elegir a una persona que también quiera obtener tu ayuda para que le apoyes en su desarrollo. Esto es similar a cuando da pereza salir a correr y decides quedar para correr con uno o varios amigos para superarla.

Vivimos tiempos en los que estar preparado para acometer un proceso de reinvención que se nos presenta por sorpresa es crítico. Veo a muchos compañeros, alumnos y amigos pasar por esa situación y muchos de ellos se arrepienten de no haber trabajado antes estos aspectos.

Capítulo 17

Epílogo

"Caminante, son tus huellas
el camino y nada más;
Caminante, no hay camino,
se hace camino al andar.
Al andar se hace el camino,
y al volver la vista atrás
se ve la senda que nunca
se ha de volver a pisar.
Caminante no hay camino
sino estelas en la mar".

Antonio Machado

Acaba aquí mi primera aventura literaria. Un primer reto superado. El segundo reto es que este libro ayude de una manera u otra a algunas personas que lo puedan necesitar. Ese era el objetivo que perseguía cuando lo comencé aprovechando mi experiencia, intentar ofrecer un conjunto de herramientas para apoyar a las personas que en algún momento de su vida tengan que reinventarse.

Puedo decir que soy una persona muy afortunada y que este proceso de reinvención que he acometido en los últimos 3 años me ha hecho ser feliz de una manera diferente a la que era antes en mi vida profesional de 25 años en Telefónica. Actualmente compagino labores de asesor de empresas con la formación y las conferencias, ayudando desde mi firma Líderes y Digitales y los Programas de EOI a profesionales y empresas a transformarse. Poder compartir los conocimientos adquiridos en mi experiencia profesional es en cierta medida una obligación y una manera de agradecer y devolver a la sociedad el apoyo que he tenido de otros en el pasado.

En estos 3 años han pasado muchas cosas y la gran mayoría de ellas muy buenas. Muchísimo movimiento, viajes, clientes, proyectos, conferencias, clases, alumnos, cafés con multitud de personas, unas veces para pedir consejo y otras para darlos... Han sido 3 años estupendos para dar todos los días gracias a Dios y a todas las personas que han estado apoyando. 3 años donde he seguido aprendiendo y conociendo a muchas personas maravillosas con las que da gusto trabajar y compartir la vida.

Para terminar el libro quiero pediros un favor: **todos podemos hacer más por ayudar a las personas que están pasando por el trance de tener que empezar una nueva vida profesional**. He visto personas con situaciones muy complicadas, donde unas palabras de ánimo, un café o una llamada telefónica, a lo mejor no hubiese solucionado el problema, pero podría haberles dado más energía para seguir luchando. Este libro es parte de mi manera de ayudar a esas personas.

Muchas gracias a todos los que me habéis acompañado y ayudado en mi aventura de reinvención.

30 de noviembre de 2018

Tabla de Ilustraciones

27. Ejemplo de CV visual.
28. Cómo diseñar tu nuevo modelo de negocio.
29. Cómo tomar una mejor decisión.

Puedes ver todos los recursos de este libro en
www.elmisteriodereinventarse.com

Vicente de los Ríos Medina (Madrid, 1968) es CEO y fundador de Líderes y Digitales, firma dedicada a ayudar a personas y empresas en sus procesos de transformación. Además, es ingeniero de Telecomunicaciones por la UPM y Executive MBA por el IE Business School.

Cuenta con una amplia experiencia internacional en liderar grandes procesos de transformación en el negocio de las telecomunicaciones e internet gracias a su trayectoria de más de 25 años en Telefónica, donde fue responsable de sus canales digitales en España y a nivel mundial, así como del negocio de particulares en la Comunidad Valenciana, Murcia e Islas Baleares, y del negocio de servicios de información y directorios, entre otras competencias.

Es el creador y director del Programa Ejecutivo en Transformación Digital de la EOI (Escuela de Organización Industrial), que desde noviembre de 2016 acumula 15 ediciones en Madrid, Sevilla, Málaga, Tenerife, Santander y República Dominicana.

Actualmente, compatibiliza su labor como asesor de empresas y mentor de directivos con sus tareas como docente y conferenciante de temas relativos a la transformación digital, el liderazgo y el desarrollo de negocios. Puede seguirle en Twitter a través de la cuenta *@vdlrios*.

Puedes saber más sobre Vicente en: **www.elmisteriodereinventarse.com/vicentedelosrios**

www.ingramcontent.com/pod-product-compliance
Lightning Source LLC
LaVergne TN
LVHW080627160826
845677LV00007B/1465

9788419092250